Beiträge zur Graphischen Datenverarbeitung

Herausgeber:
Zentrum für Graphische Datenverarbeitung e.V. Darmstadt (ZGDV)

Beiträge zur Graphischen Datenverarbeitung

J. L. Encarnação (Hrsg.): Aktuelle Themen der Graphischen Datenverarbeitung. IX, 361 Seiten, 84 Abbildungen, 1986

G. Mazzola, D. Krömker, G. R. Hofmann: Rasterbild – Bildraster. Anwendung der Graphischen Datenverarbeitung zur geometrischen Analyse eines Meisterwerks der Renaissance: Raffaels „Schule von Athen". XV, 80 Seiten, 60 Abbildungen, 1987

W. Hübner, G. Lux-Mülders, M. Muth: THESEUS. Die Benutzungsoberfläche der UNIBASE-Softwareentwicklungsumgebung. X, 391 Seiten, 28 Abbildungen, 1987

M. H. Ungerer (Hrsg.): CAD-Schnittstellen und Datentransferformate im Elektronik-Bereich. VII, 120 Seiten, 77 Abbildungen, 1987

H. R. Weber (Hrsg.): CAD-Datenaustausch und -Datenverwaltung. Schnittstellen in Architektur, Bauwesen und Maschinenbau. VII, 232 Seiten, 112 Abbildungen, 1988

J. Encarnação, H. Kuhlmann (Hrsg.): Graphik in Industrie und Technik. XVI, 361 Seiten, 195 Abbildungen, 1989

D. Krömker, H. Steusloff, H.-P. Subel (Hrsg.): PRODIA und PRODAT. Dialog- und Datenbankschnittstellen für Systementwurfswerkzeuge. XII, 426 Seiten, 45 Abbildungen, 1989

J. L. Encarnação, P. C. Lockemann, U. Rembold (Hrsg.): AUDIUS – Außendienstunterstützungssystem. Anforderungen, Konzepte und Lösungsvorschläge. XII, 440 Seiten, 165 Abbildungen, 1990

J. L. Encarnação, J. Hoschek, J. Rix (Hrsg.): Geometrische Verfahren der Graphischen Datenverarbeitung. VIII, 362 Seiten, 195 Abbildungen, 1990

W. Hübner: Entwurf Graphischer Benutzerschnittstellen. Ein objektorientiertes Interaktionsmodell zur Spezifikation graphischer Dialoge. IX, 324 Seiten, 129 Abbildungen, 1990

B. Alheit, M. Göbel, M. Mehl, R. Ziegler: CGI und CGM. Graphische Standards für die Praxis. X, 192 Seiten, 44 Abbildungen, 1991

M. Frühauf, M. Göbel (Hrsg.): Visualisierung von Volumendaten. X, 179 Seiten, 107 Abbildungen, 1991

D. Krömker: Visualisierungssysteme. X, 221 Seiten, 54 Abbildungen, 1992

G. R. Hofmann: Naturalismus in der Computergraphik. VIII, 136 Seiten, 78 Abbildungen, 1992

Georg Rainer Hofmann

Naturalismus in der Computergraphik

Mit 78 Abbildungen

Springer-Verlag

Berlin Heidelberg New York
London Paris Tokyo
Hong Kong Barcelona
Budapest

Reihenherausgeber

ZGDV, Zentrum für Graphische Datenverarbeitung e.V.
Wilhelminenstraße 7, W-6100 Darmstadt

Autor

Georg Rainer Hofmann
Fraunhofer-Institut für
Graphische Datenverarbeitung
Wilhelminenstraße 7, W-6100 Darmstadt

Diese Ausgabe enthält die im Jahr 1991 an der Technischen Hochschule in Darmstadt, Fachbereich Informatik, unter dem Titel *Ein Verfahren der nicht-exakten perspektivischen Projektion zur Generierung naturgetreuer Computergraphiken mittels ikonisch-photographischer Komponenten* genehmigte Dissertation (Hochschulkennziffer D17).

Die Deutsche Bibliothek - CIP Einheitsaufnahme
Hofmann, Georg R.: Naturalismus in der Computergraphik / Georg Rainer Hofmann. - Berlin; Heidelberg; New York; London; Paris; Tokyo; Hong Kong; Barcelona; Budapest: Springer, 1992
(Beiträge zur graphischen Datenverarbeitung)
Zugl.: Darmstadt, Techn. Hochsch., Diss., 1991
ISBN-13: 978-3-540-55265-9   e-ISBN-13: 978-3-642-77363-1
DOI: 10.1007/978-3-642-77363-1

Umschlagmotiv: Wire-Frame Darstellung der durch Vermessung gewonnenen Daten der Raibacher Kirche, vgl. Abb. D4-D7.
Satz: Reproduktionsfertige Vorlage vom Autor
33/3140 - 543210 - Gedruckt auf säurefreiem Papier

Vorwort

Für die Graphische Datenverarbeitung ist die Berechnung möglichst realistischer -
oder gar naturalistischer - Computergraphiken seit nunmehr einigen Jahren à la mode.
Dies zeigt sich einerseits an der Fülle der wissenschaftlich-technischen Publikationen,
welche den Terminus "realistische Computergraphik" im Titel führen, andererseits an
einer Popularität der realistischen Computergraphik, die sich manifestiert in der weiten
Verbreitung derselben in industriellen Applikationen, in Design-Anwendungen, zu
Lehr- und Lernzwecken, bis in Bereiche der Kunst und Unterhaltung.

Der computergraphische Realismus und seine Steigerung, der Naturalismus, werden bislang meistens als technische Kategorien verstanden. Realismus läßt sich nach
dieser Auffassung par force erreichen durch den Einsatz rechenaufwendiger Bilderzeugungsverfahren wie den Ray-Tracing- oder Radiosity- Verfahren, durch hohe Ortsauflösung der berechneten Bilder, durch Verwendung von Texture-Mapping-Verfahren
und anderem mehr.

Mit der vorliegenden Arbeit wird das Ziel verfolgt, möglichst naturgetreue computergraphische Bilder mit einem möglichst geringen Rechenaufwand zu erstellen.
Hierzu werden Vorbetrachtungen zu historischen und wahrnehmungspsychologischen
Aspekten des Realismus und Naturalismus angestellt, welche für die realistische Computergraphik von unmittelbarer Relevanz und Notwendigkeit sind, da sich nur so die
wesentlichen Elemente des zu erzielenden Realismus identifizieren lassen. Das Haupt-
anliegen der Arbeit ist die systematische Untersuchung rechenzeitmindernder, tolerier-
barer Fehler in computergenerierten Bildern. Durch die mathematisch-geometrische
Herleitung eines Kalküls der nicht-exakten perspektivischen Projektion können
geometrische Fehler im Bild abgeschätzt werden, welche auftreten, wenn dreidimensionale Szenenteile durch zweidimensionale Repräsentationen - das sind photographische Komponenten als Kulissen und Texturen - ersetzt werden. Über entsprechende
Implementierungen und Erprobungen der Verfahren wird eine Quantifizierung der
tolerierbaren Bildfehler nach Maßgabe der nicht-exakten perspektivischen Projektion
möglich. Wie in einer exemplarischen Anwendung - Modellierung und Visualisierung
eines mittelalterlichen Kirchengebäudes - gezeigt wird, sind mit den hergeleiteten
Methoden sehr effiziente Berechnungen naturgetreuer Bilder möglich.

Die vorliegende Arbeit ist nicht kontextfrei entstanden. Berufskollegen, Studenten
und persönliche Bekannte haben im Rahmen kollegialer Hilfe und Diskussion, sowie
in Form von studentischen Studien- und Diplomarbeiten zu dieser Arbeit beigetragen.
Für Anregungen und Hilfen, welche Teile der Arbeit berühren, möchte der Autor
danken:

Herrn Helmut Kaffenberger, Philosophisches Seminar der Universität Marburg, und Herrn Klaus Reichenberger, Hochschule für Gestaltung Offenbach a.M., die sich für das Kapitel 2 in der Diskussion um den Begriff "Realismus" engagiert und auf Literatur hingewiesen haben,
Frau Veronika Samara, die die Plotterzeichnungen der ε-invarianten Unterräume in Kapitel 3 im Rahmen ihrer Diplomarbeit erstellt hat,
Herrn Pfarrer Thomas Geibel aus Breuberg und dem Höchster Klosterfonds für den Zugang zur Raibacher Kirche und stete Unterstützung,
der Fa. Wohlleben, Oberursel i. T., für die erfolgreiche und exakte Vermessung der Kirche von Rai-Breitenbach,
Herrn Stefan Müller, der im Rahmen seiner Studienarbeit das Rendering nicht-planer Polygonzüge für Kapitel 4 bearbeitet hat,
Herrn Michael Löhr, der bei der Berechnung der Beispielbilder in Kapitel 5 und in Anhang D im Rahmen seiner Diplomarbeit beteiligt war, und
Herrn Axel Hildebrand, der das Verfahren für die Objektselektion in Anhang B implementiert hat.

Der Autor möchte besonders denen danken, welche das Entstehen der vorliegenden Arbeit als Ganzes verfolgt und in allen ihren Teilen zum Gelingen beigetragen haben:
Herrn Edwin Klement, der zusammen mit dem Autor das für die exemplarische Anwendung so wichtige "Raibach-Projekt" am Lehrstuhl für "Graphisch-interaktive Systeme" der Technischen Hochschule Darmstadt durchgeführt hat,
Herrn Detlef Krömker für Anregungen und Hinweise im Kontext der täglichen beruflichen Zusammenarbeit,
Herrn Börries Wendling, der bei der orthographischen Durchsicht der Arbeit eine große Hilfe war und für die Erstellung der Druckvorlage des Textes zäh und unermüdlich mit dem troff-System gekämpft hat,
Herrn Dr. Martin Dürst, Zürich, der durch kritische Durchsicht der Arbeit viele Anregungen zur Verbesserung derselben geliefert hat, und nicht zuletzt
Herrn Prof. Dr.-Ing. José L. Encarnação für die Überlassung des Themas und die ständige Betreuung der Arbeit, sowie
Herrn Prof. Dr.sc.techn.ETH Peter Stucki für Verbesserungsvorschläge und die Übernahme des Koreferats der Arbeit,
und allen, die sonst in irgendeiner Weise direkt oder indirekt zu dieser Arbeit beigetragen haben, indem sie sich hilfsbereit und interessiert gezeigt haben.
Mein herzlichster Dank gilt meiner Frau Christine Giger-Hofmann, die in bewundernswerter Weise die Anfertigung der vorliegenden Arbeit, sowohl in der fachlichen Diskussion als auch persönlich motivierend, stets hilfsbereit begleitet hat.
Ohne solche Unterstützung wäre die Anfertigung der vorliegenden Arbeit nicht möglich gewesen.

Inhaltsverzeichnis

1 Einleitung und Orientierung

Eines der Kerngebiete der Graphischen Datenverarbeitung ist der Entwurf von Algorithmen zur Berechnung möglichst realistischer computergenerierter Bilder; J.D. Foley et al., [FDFH90, S. 605], urteilen: "an increasingly important application of computer graphics: creating realistic images of 3D scenes".

Die algorithmische Bilderzeugung hat eine lange Tradition: Schon seit der europäischen Renaissance, insbesondere seit Albrecht Dürer [Dü1525; Dü1538], arbeitet man an der Entwicklung mathematischer Bilderzeugungs-Verfahren, welche damals freilich noch manuell ausgeführt werden mußten. Seit den ersten Arbeiten zu realistischen Computergraphiken ab den späten 1960er Jahren kumulierte die, nunmehr computerisierte und automatisierte, algorithmische Bilderzeugung (engl.: *rendering*) in der zweiten Hälfte der 1980er Jahre zu immer aufwendigeren und rechenintensiveren Verfahren. Es wurde hierbei auf drei Gebieten Rendering-Forschung betrieben:

(1)   Bei der Modellierung der Licht-Materie-Wechselwirkungen.

(2)   Bei der Modellierung der Geometrie der darzustellenden Objekte.

(3)   Bei dem Einsatz von Texturen zur Modellierung von Objekt-Oberflächen.

Im Zuge eines knappen Abrisses der drei Rendering-Teilgebiete läßt sich im Rahmen dieser Einleitung festhalten:

Zu (1): Das Strahlverfolgungs-Verfahren (engl.: *ray tracing*), der Radiosity-Approach und hybride Techniken, haben die Simulation der Wechselwirkung von Objekten (Materie) mit Licht auf der Basis physikalischer Gesetzmäßigkeiten zum Gegenstand. Hier sind die wesentlichen Basis-Arbeiten, welche ihren Ursprung wohl in einer Arbeit von Appel [Appe68] haben, ca. 1987 abgeschlossen worden, wie die profunden Darlegungen von Hall [Hall85; Hall89; Hall90] belegen. Neuere Arbeiten, z. B. von Lurdes Dias [Dias91] zur computergraphischen Darstellung von Interferenz an dünnen Schichten, beschäftigten sich nurmehr mit physikalischen Detail-Phänomenen des Realismus.

Zu (2): Die Modellierung der Objekt-Geometrien geschieht meist mit Hilfe der polygonalen Approximation der Objekt-Oberflächen, der Repräsentation von Volumina durch Constructive-Solid-Geometry oder durch Voxelmodelle. Ausführungen zu diesen Basis-Techniken der geometrischen Modellierung findet man z. B. bei Encarnação und Straßer [EnSt86, S. 324-328], und Foley et al. [FDFH90, S. 471-562]. Spezielle geometrische Modellierungstechniken, wie die Partikelsysteme von Reeves [Reev83] zur Darstellung von Feuer, die fraktalen Techniken von Smith [Smit84] zur Darstellung von Pflanzen, oder die parametrisierten Objekte von Latham [Hagg91], dürfen als Annotationen der Basis-Techniken gelten.

Zu (3): Das Texture-Mapping ist ein Verfahren, bei welchem die Farb- und Beleuchtungsmodell-Attribute einer Objekt-Oberfläche nicht durch aufwendige Simulationsalgorithmen errechnet werden: Texturen können z. B. durch spezielle Editoren interaktiv erstellt werden [EnHS87], im einfachsten - sehr gebräuchlichen - Fall dienen als Basis für die Erstellung von Texturen diskretisierte photographische Vorlagen aus der Natur. "In the quest for more realistic imagery, one of the most frequent criticisms was the extreme smoothness of the surfaces - they showed no texture, bumps, scratches, dirt, or fingerprints. Realism demands complexity, or at least the appearance of complexity. Texture mapping is a relatively efficient means to create the appearance of complexity without the tedium of modeling and rendering every 3-D detail of a surface", schreibt Heckbert [Heck86] im Rückblick auf die Arbeiten von Catmull und Blinn [Catm74; BlNe76; Blin78] aus den 1970er Jahren.

Heckbert führt weiter aus: "The techniques of texture mapping are essentially the same in all cases. (...) The source image (texture) is mapped onto a surface in 3-D object space which is then mapped to the destination image (screen) by the viewing projection. (...) The possible uses for texture are myriad. Some of the parameters which have been texture mapped to date are: surface color, (...) specular reflection, (...) normal vector perturbation, (...) specularity, (...) transparency, (...)."

Die Modellierung der Licht-Materie-Wechselwirkung und der Objekt-Geometrien versucht die computergraphische Darstellung von Szenen im mathematisch-physikalischen Sinn möglichst *präzise* zu gestalten. Dem gegenüber ist der Einsatz von Texturen zur Modellierung von Objektoberflächen eine *approximative* Technik, welche von vornherein auf die bloße Bildwirkung der Computergraphik abzielt.

Beim Texture-Mapping werden komplexe Mikrostrukturen der Oberflächen der Objekte der darzustellenden Szene durch einfache plane Strukturen, Photographien und ähnliches, ersetzt. Dies ist sicher nicht im Sinne exakter physik-basierter Szenenmodellierung, wie sie etwa Greenberg [Gree88] vertritt: "Just as VLSI advances were made by material scientists and biological advances were made by cracking the genetic code and molecular modelling, so must computer graphics be based on the law of physics."

Hingegen führt Blake [Blak90] zugunsten einer, unter anderem mit der approximativen Technik des Texture-Mappings verfolgten, gezielten Täuschung (engl.: *faking*) des Beobachters zugunsten eines geringeren Rechenaufwandes bei der Bildgenerierung aus: "We need a broader basis for computer graphics than the laws of physics, i. e. a science that can incorporate 'faking' and provide an explanation of how it works. (...) The world described by physics differs from the world of sensory experience. The purpose of computer graphics is not to simulate the former for its own sake but rather to stimulate the latter. (...) The world of sensory experience is a world of interesting or boring pictures, convincing or unconvincing images. It depends as much (more?) on the perceiver than on the objects actually perceived."

Die Ausführungen von Blake verdienen eine weitere Untersuchung, speziell im Hinblick auf Rechenzeiteinsparungen bei der computergraphischen Bildgenerierung mit Hilfe nicht-exakter, d. h. approximativer, Techniken. Eine solche Untersuchung wird innerhalb dieser Arbeit geleistet.

In **Kapitel 2** *"Ist der Realismus eine Kategorie der technischen Bildqualität?"* der vorliegenden Arbeit wird ein Teil der Tradition der algorithmischen Bildgenerierung dargelegt. Es wird gezeigt, daß die technische Weiterentwicklung der Bilderzeugungs-Algorithmen - deren Ursprung man in der Renaissance findet - fast nicht mit einer Verbesserung des Realismus korreliert ist: Die Computergraphik bringt, bedingt durch die verwendeten mathematisch-idealisierenden Prozesse der Szenenmodellierung, fast immer idealistische Bilder hervor. Wenn allerdings die geometrische Modellierung der darzustellenden Szene auf rein meßtechnischen Vorgängen beruht, ist die computergraphische Visualisierung dieser Szene notwendig eine "Darstellung nach der Natur". Der Naturalismus einer Computergraphik ist in diesem Fall vorprogrammiert.

In **Kapitel 3** wird *"Das Kalkül der nicht-exakten perspektivischen Projektion"* entwickelt, welches - als Formalisierung des "Faking" - abschätzt, unter welchen Umständen zweidimensionale Photos und ikonische Komponenten in Szenen zur Modellierung dreidimensionaler Objekte eingesetzt werden können. Dies wird nur unter bestimmten Fehlern ε im Bild möglich sein, diese werden vermöge des Kalküls für ein zu generierendes Bild abgeschätzt. Das Kalkül der nicht-exakten perspektivischen Projektion befaßt sich also nicht mit dreidimensionalen *Mikro*strukturen auf Oberflächen, wie sie durch Texture-Mapping approximiert werden, sondern vielmehr mit der Approximation von dreidimensionalen *Makro*strukturen - ganzen Objekten - durch zweidimensionale ikonisch-photographische Bildkomponenten.

Die Arbeiten von Blake und Buxton [BlBu89; Blak90] verfolgen eine der nicht-exakten Perspektive ähnliche Fragestellung, jedoch unter einem anderen Ansatz; bei diesen Arbeiten werden die Bildänderungen in Computeranimationen (engl.: *optic flow*) im Ortsfrequenzraum approximiert.

In **Kapitel 4** werden Algorithmen *"Zum Rendering nicht-planer Polygonzüge"* dargelegt, die meßtechnisch erfaßte Polygone, wie sie in Kapitel 2 für eine naturalistische Computergraphik postuliert werden, perspektivisch transformieren, scannen (engl.: *to scan*, abtasten) und die mit den im Anhang angegebenen Verfahren die zugeordneten photographischen Komponenten nach Maßgabe der vorgegebenen Anforderungen an die Bildqualität richtig einfügen können. Da die meßtechnisch gewonnenen Polygone nicht ideal plan sind, liegt in der Entwicklung und Auswahl eines Verfahrens zur geometrischen Abbildung der planen photographischen Komponente auf das nicht-plane Polygon das Hauptproblem für das Rendering nicht-planer Polygonzüge.

In **Kapitel 5** wird eine Pilotanwendung der in dieser Arbeit entwickelten Verfahren durch *"Eine exemplarische Anwendung: Modellierung und Visualisierung eines mittelalterlichen Kirchengebäudes"* vorgestellt.

In einem Seminar am Fachgebiet "Graphisch-interaktive Systeme" der TH Darmstadt wurde im Wintersemester 1987/88 das "Raibach-Projekt" durchgeführt. Die Daten eines Kirchengebäudes wurden durch Vermessung gewonnen. Eine Koinzidenz der visualisierungstechnischen Aufgaben innerhalb des Raibach-Projekts mit den Verfahren dieser Arbeit ist insofern gegeben, als der gemessene Datensatz des Gebäudes einen umfassenden Test-Datenfall für die entwickelten Algorithmen darstellt. Visualisierungen der Gebäude-Geometrie mit photographischen Komponenten sind durchgeführt worden. Mit Hilfe der generierten Bilder ist es exemplarisch möglich, Abschätzungen über die noch tolerierbaren Bildfehler ε, die aus der nicht-exakten perspektivischen Projektion resultieren, sowohl für Fest- als auch für Bewegtbilder, in praxi durchzuführen.

Die computergraphische Modellierung und Visualisierung historischer Gebäude und Szenen ist nicht neu, schon 1983 befaßte sich eine erste, jedoch spät veröffentlichte Arbeit von Woodwark [Wood91] mit der Darstellung eines antiken römischen Bades.

Arbeiten des Autors [MaKH87] von 1985 bezogen sich auf die Visualisierung der in Raffaels "Schule von Athen" dargestellten Architektur und Szenerie. Ein Beispiel für die Modellierung komplexerer historischer Architektur - "Cluny III" - mit computergraphischen Mitteln wurde im Rundfunk von der ARD gesendet [ARD91]. Die in der vorliegenden Arbeit dargestellte computergraphische Arbeit zum Kirchengebäude von Raibach hat interdisziplinäre Untersuchungen der Architektur des Gebäudes gefördert [GeEH89]; Erkenntnisse über frühere Bauzustände des Gebäudes konnten gewonnen werden.

In Anhang C *"Zur Geometrie der Kirche von Rai-Breitenbach"* werden darum in einem Auszug aus der diesbezüglichen Publikation die wichtigsten Ergebnisse mitgeteilt.

Die weiteren **Anhänge** enthalten Nebenergebnisse, Beispielbilder und zwei Hilfsverfahren zur Zuordnung polygonaler Geometriedaten zu photographischen Komponenten.

Über die in dieser Arbeit vorgestellte Pilotanwendung hinaus sind weitere, auch industriell und kommerziell nutzbare, Applikationen der in der vorliegenden Arbeit entwickelten Verfahren in Sicht.

2 Ist der Realismus eine Kategorie der technischen Bildqualität?

In Kapitel 2.1 wird die Entwicklung der algorithmischen Bildgenerierung dargelegt, deren Ursprung man in der Renaissance findet. Es wird gezeigt (Kapitel 2.2), daß die technische Weiterentwicklung der Bilderzeugungsalgorithmen - soweit sie für den computergraphischen Realismus relevant ist - fast nicht mit einer "Verbesserung" des Realismus korreliert ist. Der Realismus - im Sinne eines gegenständlichen Naturalismus - einer Darstellung ist sogar hochgradig vom Betrachter des Bildes abhängig (Kapitel 2.3). Die Computergraphik bringt, bedingt durch die verwendeten technischen Prozesse der Szenenmodellierung, fast immer idealistische Bilder hervor. Wenn allerdings - wie in Kapitel 2.4 gefolgert - die Modellierung der darzustellenden Szene auf rein meßtechnischen Vorgängen beruht, ist die computergraphische Visualisierung dieser Szene notwendig eine "Darstellung nach der Natur". Der Naturalismus einer Computergraphik ist in diesem Fall vorprogrammiert.

2.1 Die historischen Anfänge der algorithmischen Bilderzeugung

Das Kalkül zur Konstruktion perspektivischer Abbildungen wurde wahrscheinlich während der europäischen Renaissance entwickelt; dies geschah durch italienische Architekten und Maler, unter ihnen Alberta, Bramante und Raffael. Raffaels Fresko "Die Schule von Athen" zeigt die Anwendung der damals neuen Techniken; siehe hierzu weitere Darstellungen z. B. in [MaKH87, S. 35-41; Gomb86, S. 206ff.]. Die Ursprünge der *algorithmischen* Methoden zur perspektivischen Projektion stammen etwa aus der gleichen Zeit. Sie verdienen besondere Beachtung, weil mit ihnen schon früh die Prinzipien der auch noch heute verwendeten computergraphischen Algorithmen entdeckt worden sind.

In Nürnberg veröffentlichte Albrecht Dürer zwei Bücher [Dü1525; Dü1538], die beide als *Underweysung der messung...* betitelt sind. Das erste Buch erschien im Jahr 1525 [Dü1525]. Sein voller Titel lautet: "*Underweysung der messung mit dem zirckel un richtscheyt / in Linien ebnen unnd gantzen corporen / durch Albrecht Dürer zusamen getzoge / und zu nutz alle kunstlieb habenden mit zu gehörigen figuren / in truck gebracht / im jar. M.D.XXv.*"

Als Dürer 1528 starb, gab es offensichtlich noch etliches posthumes Material an Zeichnungen, Stichen, etc. Darum erschien eine zweite Auflage des Buches im Jahr 1538 [Dü1538]. Diesmal ist der vollständige Titel "*Underweysung der Messung/ mit dem Zirckel un richtscheyt / in Linien Ebnen unnd gantzen Corporen / durch Albrecht Dürer zusamen getzogen / un durch jn selbs (als er noch auff erden war) an vil orten gebessert / in sonderheyt mit xxii figure gemert / die selbigen auch mit eygner handt auffgerissen / wie es dann eyn yder werckman erkenen wirdt / Nun aber zu nutz allen*

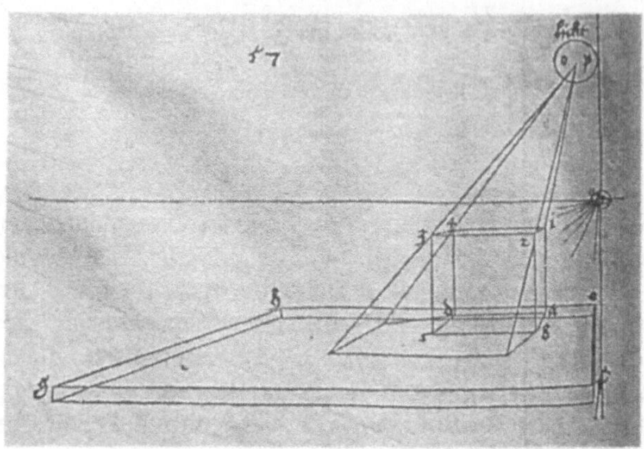

Abb. 2.1. Verfahren zum Schattenwurf von Dürer. (Aus [Dü1538])

kunst liebhabenden in truck geben. 1538.."

Ein erstes Verfahren in Dürers Büchern behandelt das Zeichnen von Schattierungen und Schattenwürfen - mithin der Objekt-Licht-Wechselwirkung in einem Bild. Dürer hatte erkannt, daß der Schatten eines Objekts auf diejenigen Teile einer Szene fällt, die von diesem Objekt gegenüber einer Lichtquelle verdeckt werden. Deshalb kann der Schattenwurf über eine perspektivische Projektion berechnet werden, wobei der Ort der Lichtquelle als Augpunkt eingesetzt werden muß. Die Projektion der Lichtstrahlen über die Konturen eines Würfels auf den Grundriß ist in Abb. 2.1 zu sehen, das fertiggestellte Bild zeigt Abb. 2.2.

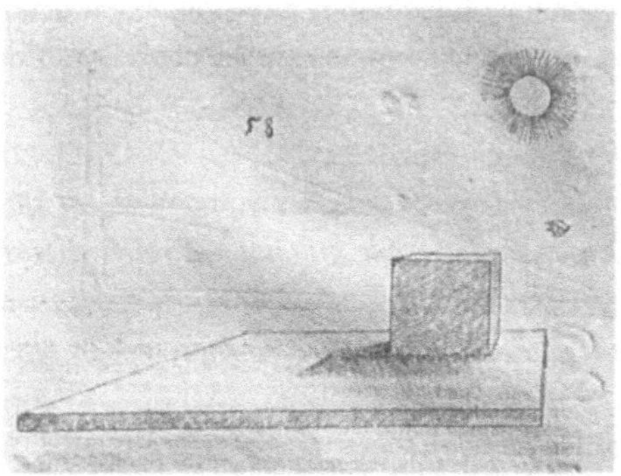

Abb. 2.2. Fertig ausgeführtes Bild mit Schattenwurf. (Aus [Dü1538])

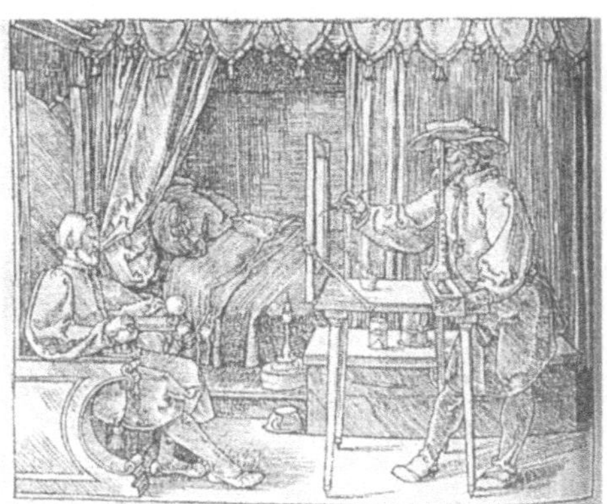

Abb. 2.3. Ray-Tracing (links) und Object-Scanning (rechts) bei Dürer. (Aus [Dü1538])

Andere Zeichnungen von Dürer illustrieren Bilderzeugungsverfahren, die man als Strahlverfolgungs-Verfahren bezeichnen kann. In Abb. 2.3, links, sieht man einen Künstler das Portrait eines Mannes malen, in Abb. 2.4, oben, wird ein Krug gezeichnet. Man beachte, daß in beiden Illustrationen das Auge des Künstlers *fixiert* ist - dies ist die für die Perspektive essentielle Einführung eines festen Augpunktes. Der Künstler schaut durch die Bildebene hindurch und malt die Objekte, die er hinter der Bildebene sieht. Deshalb muß der Künstler für die Bildebene ein transparentes Material (etwa Glas) nehmen; nichtsdestoweniger, wenn erst einmal eine erste Farbschicht im Bild aufgetragen worden ist, kann die zu malende Szene nicht mehr beobachtet werden.

Um diesem Nachteil abzuhelfen, gab Dürer noch eine andere Methode an, siehe hierzu Abb. 2.4, unten. Wiederum wird das Auge des Künstlers fixiert, es erfolgt aber eine Trennung zwischen Zeichenebene und Projektionsebene. Die Projektionsebene wird mittels äquidistanter Linien (dem sogenannten "Flor", durch Fäden realisiert) unterteilt; dieselbe Einteilung findet sich auf dem Zeichenblatt. Durch diese Unterteilung - einem lokalen Koordinatensystem in der Zeichenebene - wird eine Korrespondenz zwischen Projektionsebene und Zeichenebene hergestellt.

Man beachte, daß in den dargestellten Verfahren der Künstler die pro Bildpunkt hinter der Projektionsebene liegenden Objekte gleichsam abtastet: Die "Sehstrahlen" laufen vom Augpunkt durch die Bildebene, bis sie auf ein Objekt treffen. Das ist indes das Funktionsprinzip des computergraphischen Strahlverfolgungs-Verfahrens.

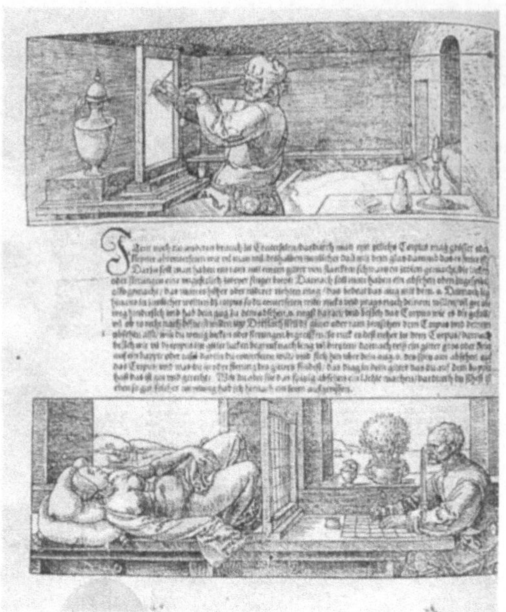

Abb. 2.4. Ray-Tracing, ohne (oben) und mit (unten) Trennung von Projektions- und Zeichen-ebene. (Aus [Dü1538])

Eine weitere Zeichnung Dürers stellt ein Verfahren dar, welches heute als Object-Scanning bezeichnet würde. In dieser Darstellung, siehe Abb. 2.3, rechts, zeichnet ein Künstler eine Laute. Der Augpunkt wird durch die Öse in der Wand markiert, durch die ein Faden (das ist der Projektionsstrahl) läuft, welcher an einem Ende beschwert ist. Das andere Ende des Fadens ist an einem kleinen Stock befestigt, welchen der Gehilfe des Künstlers in der Hand hält. Der Gehilfe zeigt mit diesem Stab auf den Punkt des Objekts (der Laute), welchen der Künstler gerade abbilden möchte. Der Künstler merkt sich den Punkt in der durch einen Holzrahmen markierten Projektions-ebene, durch den der Faden läuft. Der Faden wird nun weggenommen, das Zeichen-brett in nämlichen Holzrahmen geschwenkt, und der Punkt wird auf dem Papier mar-kiert. Nachdem so eine Anzahl Punkte des Objekts auf die Zeichenebene transfor-miert worden sind, kann der Künstler eine Linien-Darstellung (engl.: *wire frame*) des Objekts zeichnen, welche später noch durch Schattierung, Colorierung etc. komplet-tiert werden kann.

Wir nennen Dürers Verfahren in Abb. 2.3, links, sowie Abb. 2.4, Ray-Tracing, weil Sehstrahlen vom Augpunkt durch die Projektionsebene hindurch verfolgt werden, bis sie ein Objekt treffen. Die Hauptschleife läuft über alle Punkte im *Bild*.

Im Gegensatz hierzu ist das Verfahren aus Abb. 2.3, rechts, ein Object-Scanning, weil hier jedes Objekt Detail für Detail, Punkt für Punkt, abgetastet wird. Die Hauptschleife des Verfahrens läuft über alle Punkte der *Objekte*.

Zusammenfassend läßt sich feststellen, daß bei Dürer

(1) die Bilder der darzustellenden Objekte streng nach dem Kalkül der *perspektivischen Projektion* erzeugt werden,

(2) die Erzeugung der Bilder durch *vollmechanische Verfahren* geschieht, die auf eine direkte Gestaltung in der Bildebene kaum flexibel sind,

(3) der Augpunkt und die Bildebene *fixiert* sind, und

(4) die Bilder bei Dürer nicht *inhaltsorientiert*, sondern *verfahrensorientiert* hergestellt werden.

Diese vier Aussagen haben die bei Dürer dargestellten Verfahren mit den heute gebräuchlichen Algorithmen des "realistische Computergraphik" genannten Teilgebiets der Graphischen Datenverarbeitung gemeinsam.

2.2 Zum Bezug des Begriffs "Realismus" zur Graphischen Datenverarbeitung

Die mathematisch orientierten Verfahren Dürers markieren wohl den Ursprung algorithmischer Bilderzeugung, nicht aber den Anfang des Realismus in der bildenden Kunst. Der Begriff "Realismus" entstand in der bildenden Kunst erst relativ spät im 19. Jahrhundert. Künstler wie G. Courbet und H. Daumier führten den Begriff um 1850 ein. Courbet präsentierte eine Ausstellung "realistischer Bilder", die deshalb auf Ablehnung stieß, weil die Courbetschen Malereien schlicht als häßlich(!) angesehen wurden: Die Themen des Realismus, dem Alltag der Menschen entnommen, erschienen nach dem damals vorherrschenden Kunstempfinden als nicht abbildenswert [Dann86, S. 90ff.].

Dieser frühe Realismus stellte seine *Real*-Bilder den damals üblicheren *Ideal*-Bildern gegenüber. Durch Darstellung des Alltags- und Arbeitslebens wurden aufklärerische, und nicht zuletzt auch politische, Ziele verfolgt. Die *Realisten* unterschieden sich damit deutlich von den *Idealisten* (Präraffaeliten), wie z. B. E. Burne-Jones; siehe hierzu Abb. 2.5. Beide Stilrichtungen, sowohl der historische Realismus als auch der historische Idealismus des 19. Jahrhunderts, zielten darauf ab, eine *Wirklichkeit wiederzugeben*, das heißt, die Bilder *nach der Natur* zu malen. Die in Abb. 2.5 offensichtlichen stilistischen Unterschiede sind Ausdruck verschiedener philosophischer Grundhaltungen - eben einer unterschiedlichen Wirklichkeitsauffassung der jeweiligen Künstler [Dann86, S. 85ff.].

Abb. 2.5. Idealistische (links) und realistische (rechts) Darstellung des gleichen Motivs: E. Burne-Jones: Pygmalion, 1878; und H. Daumier: Pygmalion, 1842

Die Begriffsbildung bezüglich des "Realismus" in der Graphischen Datenverarbeitung, und damit die Taxierung eines computergraphisch generierten Bildes als "realistisch", fußt bislang auf eher technischen Kriterien.

So greifen Foley et al. in ihrem Standardwerk [FDFH90, S. 605ff.] die Frage auf: "What is a realistic image? In what sense a picture, whether painted, photographed, or computer-generated, can be said to be 'realistic' is a subject of much scholarly debate (...). We use the term rather broadly to refer to a picture that captures many of the effects of light interacting with real physical objects. Thus, we treat realistic images as a continuum, and speak freely of pictures, and the techniques used to create them, as being 'more' or 'less' realistic. At one end of the continuum are examples of what is often called photographic realism (or photorealism). These pictures attempt to synthesize the field of light intensities that would be focused on the film plane of a camera aimed at the objects depicted."

In diesen Ausführungen fallen zwei Fakten auf. Zum einen ist dies, daß hier der "Photorealismus" als eine Steigerung des "Realismus" verstanden wird. Zum anderen wird beides, Realismus und Photorealismus, als Maßstab für eine technische Bildqualität verstanden, welche sogar graduell steigerbar ist: "Mehr" und "weniger" Realismus hängen vom Einsatz bestimmter Bilderzeugungsalgorithmen ab - dem sogenannten "Grad an Realismus" bei H. Müller [Müll88, S. 2]. Diese Reduktion des Realismus auf einen rein technischen Kontext umgeht freilich die "much scholarly debate" auf recht triviale Weise.

Wie der Begriff "Realismus", so ist auch der Begriff "Photorealismus" bereits ein kunstwissenschaftlich vorbelegter Terminus technicus. Er bedeutet auf maltechnischer Ebene die Verwendung einer Photosatz-Bildvorlage; auf inhaltlicher Ebene hingegen versucht er gerade die Selbstverständlichkeit und "Wirklichkeit" der photographischen Bilderwelt in Frage zu stellen [Hugh81].

Somit bedeutet Photorealismus im kunstwissenschaftlichen Sinn nicht die bloße "Simulation einer photographischen Aufnahme". Im Gegenzug ist sogar eine photographische Aufnahme nicht notwendigerweise realistisch, vielmehr können, durch spezielle Beleuchtung, Inszenierung und Maskenbildnerei u.a., ohne weiteres idealisierende photographische Aufnahmen erstellt werden.

Man muß also in einer Erörterung des Begriffs "Realismus" unterscheiden zwischen einem wohldefinierten *kunstwissenschaftlichen Realismus*, welcher im 19. Jahrhundert entstanden ist, und einem *computergraphischen Realismus* aus den 1980er Jahren, welcher zum einen auf die Art der technischen Bilderzeugung, zum anderen auf eine, in der computergraphischen Literatur kaum näher definierte, Bildwirkung zurückgeführt wird.

Foley et al. versuchen im obigen Zitat die Diskussion des nicht-technischen Hintergrunds des Realismus-Begriffs zu umgehen, und die Erzeugung von computergraphischem Realismus - bzw. Photorealismus - zunächst als eine rein technische Angelegenheit zu verstehen. Von einigen Autoren wird das Problem des computergraphischen Realismus sogar auf den Entwurf physikalisch-korrekter Algorithmen zur Beleuchtungs-Simulation beschränkt.

So existiert die Auffassung, daß der Realismus in der Computergraphik und -animation eine Technik sei, welche mittels des Einsatzes physikalischer Modellbildung und Simulation natürliche Erscheinungen möglichst wirklichkeitsgetreu im computergraphischen Bild wiedergeben kann. Dabei kann die Simulation durchaus im Vordergrund stehen und existierende (Simulations-)Modelle aus Naturwissenschaften und Technik können für die Zwecke der Computergraphik reduziert und angepaßt werden [GI89].

Rogers [Hall89, S. iii] betont hierzu: "To generate realistic images it is necessary to return to the fundamental physics governing the interaction of light with materials and its perception by the human eye-brain combination."

Greenberg vertritt [Gree88] den gleichen Standpunkt: "Just as VLSI advances were made by material scientists and biological advances were made by cracking the genetic code and molecular modelling, so must computer graphics be based on the law of physics."

Welche Techniken sind es, die zur exakten, physik-basierten Bildgenerierung (d. h. Beleuchtungs-Modellierung) eingesetzt werden?

Das *Ray-Tracing-Verfahren*, die Verfolgung eines vom Auge ausgehenden Sehstrahls durch die Bildebene hindurch, zum am fraglichen Bildebenenpunkt (Pixel) zu visualisierenden Objekt, wurde zur einfachen Berechnung von Schattenwürfen zuerst von Appel 1968 auf Computern eingesetzt [Appe68]. Die Entwicklung des rekursiven Ray-Tracings, welches nach Maßgabe von definierten Reflexions-, Transluzenz- und Brechungs-Eigenschaften von in der Szene befindlichen Objekten die Sehstrahlverfolgung rekursiv fortsetzt, wurde von Whitted 1980 geleistet [Whit80].

Cook et al. [CoPC84] spalteten das bishin als ideal-weiß angenommene Licht in seine spektralen Komponenten auf, welche einzeln im Strahlverfolgungsverfahren behandelt werden können (engl.: *distributed ray tracing*). Damit ist es möglich, spektrale Effekte der Lichtbrechung, wie die farbige Aufspaltung des Lichts beim Durchgang durch Glasprismen, in computergraphischen Bildern darzustellen.

In der Arbeit von H. Müller [Müll88, S. 2] über die algorithmische Komplexität des Ray-Tracings wird ausgeführt: "(...) der Kompromiß zwischen Qualität (Grad an Realismus) und Aufwand (Rechenzeit, Speicherplatz) ist das Strahlverfolgungsverfahren (Ray Tracing)."

Die Arbeit von Goral et al. [GTGB84] beschreibt ein vom Ray-Tracing grundsätzlich unterschiedliches Verfahren, bei welchem nicht mehr nur einzelne Sehstrahlen, sondern vielmehr die gesamte Lichtverteilung in einer Szene als Strahlungs-Energie-Gleichgewicht berechnet wird (engl.: *radiosity approach*). Aufgrund der komplexen Reflexionsgleichungen bleibt dieser Ansatz weitgehend auf die Behandlung einfacher Objektgeometrien (wenige, plane, polygonale Oberflächen pro Szene) beschränkt.

Wallace et al. schließlich kombinierten die Vorteile von Ray-Tracing und Radiosity Approach in einem einzigen hybriden Verfahren [WaCG87].

Durch Fortschritte bezüglich der Leistungsfähigkeit der Computer-Hardware konnten mittlerweile komplexere Szenen mit vielen Objekten berechnet werden, erste standardisierte Programmpakete zur Generierung realistischer Computergraphiken [ReMa88] erschienen auf dem Markt.

Obwohl ein ziemlicher Aufwand bei der Simulation der Beleuchtungsverhältnisse für die Errechnung möglichst photographie-ähnlicher Computergraphiken betrieben wird, ist eines der wenigen bekannten Beispiele, bei dem tatsächlich eine erstellte Computergraphik mit einem Photo verglichen wurde, die Arbeit von Meyer et al. [MRCG86]. Bei dieser Arbeit wird die computergraphisch erzeugte Ansicht einer relativ einfachen Szene (einige Quader in einer weitgehend diffus beleuchteten Szene) mit einer Videoaufnahme einer ebensolchen Realszene (bei welcher der experimentelle Aufbau der idealisierten(!) Lichtbedingungen aus der Computergraphik technisch nicht trivial ist) direkt von Monitor zu Monitor verglichen. Testpersonen konnten nicht visuell entscheiden, auf welchem Monitor die Videoaufnahme, und auf welchem Monitor die Computergraphik zu sehen war. In eine ähnliche Richtung geht der von Nakamae et al. [Naka91] vorgelegte Versuch einer quantitativen Analyse der Naturtreue architektonischer computergraphischer Darstellungen.

Wesentlich für den computergraphischen Realismus ist jedoch nicht nur die Beleuchtungs-Modellierung, sondern auch die wichtige Rolle der Genauigkeit der Modellbildung, der Präzision, Detailliertheit und der "Komplexität", mit der Objekte und ihre Attribute in der darzustellenden dreidimensionalen Szene definiert sind.

"A photorealistic rendering program must simulate a real camera and its many attributes (...). A photorealistic rendering program must also accept curved geometric primitives, so that not only can geometry be accurately displayed, but also so that the basic shapes are rich enough to include the diversity of man-made and natural objects. This requires patches, quadrics and representations of solids, as well as the ability to deal with complicated scenes on the order of 10.000 to 1.000.000 geometric primitives. A photorealistic rendering program must be capable of simulating the optical properties of different materials and light sources. (...) Achieving greater realism often requires that the surface properties of an object vary. These properties are often controlled by texture mapping an image onto a surface. (...)"; [ReMa88, im Vorwort].

Es scheint der generelle Trend zu bestehen, für "mehr Realismus", höhere Komplexität in der Szenenmodellierung, und kompliziertere Beleuchtungs-Algorithmen, eine höhere Rechenzeit zu investieren, respektive zu opfern.

"A fundamental difficulty in achieving total visual realism is the complexity of the real world. Observe the richness of your environment. There are many surface textures, subtle color gradations, shadows, reflections, and slight irregularities in the surrounding objects. (...) These all combine to 'real' visual experience. The computational costs of simulating these effects can be high: Creating pictures such as those (...) can take many minutes or even hours on powerful computers"; [FDFH90, S. 607].

Damit wird direkt die Assoziation des computergraphischen Realismus, nicht nur mit komplizierter Szenenmodellierung und komplexen Darstellungsalgorithmen, sondern auch mit einem hohen Rechenzeitverbrauch impliziert: Realismus ist aufwendig, und damit nicht zuletzt auch monetär teuer.

In einigen Anwendungen der realistischen Computergraphik kann aber kein beliebiger Aufwand für die Bildgenerierung betrieben werden. So beinhalten die Sichtsysteme von Flugsimulatoren eine besondere technische Herausforderung, nämlich die Notwendigkeit der Berechnung der computergraphischen Darstellungen in Echtzeit.

"Simulation systems present images that not only are realistic, but also change dynamically. For example, a flight simulator shows the view that would be seen from the cockpit of a moving plane. To produce the effect of motion, the system generates and displays a new, slightly different view many times a second", [FDFH90, S. 606].

Falls realistische Bilder unter Echtzeitbedingungen zu berechnen sind, spielt die letztlich zur Bildgenerierung eingesetzte Technik nur eine vergleichsweise untergeordnete Rolle, falls nur der "realistische Bildeindruck" insgesamt stimmt. Unter extremen Randbedingungen für die zur Bildberechnung zur Verfügung stehenden Zeit bietet es sich an, die Bedingungen für einen computergraphischen Realismus zu explorieren. Das Interesse gilt solchen Verfahren, welche die wesentlichen Kernelemente des Realismus, aber nicht unnötigerweise die sonstigen physikalischen - womöglich kaum wahrnehmbaren - Details produzieren.

Unter computergraphischem Realismus kann man nicht nur die rein technische Komplexität der Bilderzeugung sehen, sondern man muß auch dem subjektiven Eindruck, den eine Darstellung beim Betrachter hinterläßt, Rechnung tragen. "Realism is a vague term when applied to computer graphics (...). Realism can mean anything from the rigorous simulation of the physical phenomena of light bouncing through an environment to the illusion of realism created by empirical approximations. In the first case, we are attempting to mimic the working of reality. In the second case, we are representing an impression." schreibt Hall [Hall89, S. 1], und er zitiert S.T. Coleridge: "A picture is an intermediate something between a thought and a thing."

Blake [Blak90] führt zum gleichen Gegenstand aus: "We need a broader basis for computer graphics than the laws of physics (...) The world described by physics differs from the world of sensory experience. The purpose of computer graphics is not to simulate the former for its own sake but rather to stimulate the latter. (...) The world of sensory experience is a world of interesting or boring pictures, convincing or unconvincing images. It depends as much (more?) on the perceiver than on the objects actually perceived."

Zusammenfassend stellt Hall in einer anderen Arbeit [Hall90, S. 195] seine Erfahrungen zum computergraphischen Realismus dar. "The advances in computer graphics that have done the most to improve the realism in imagery revolve around increased complexity and attention to subtle detail. (...) To summarize, the conclusions derived from my observations about the perception of realism in computer imagery are:

-    the impression of realism does not necessarily require correct imagery in terms of geometric detail as long as the general behavior is reasonable;

-   that high image complexity is primary in creating the perception of realism;

-   that subtle shading and surface detail are key in creating the perception of real-
    ism (they are actually a component of high complexity);

-   every thing real is 3D - the perception of 3D from 2D imagery is greatly
    enhanced by motion."

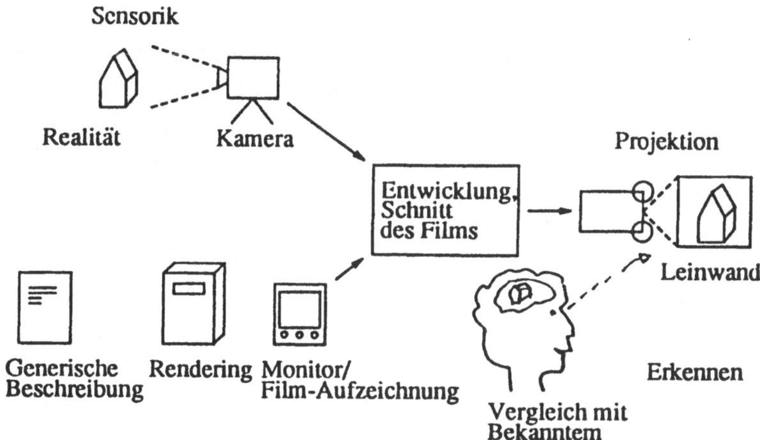

Abb. 2.6. Schematische Darstellung der Bilderzeugung und Bildbetrachtung gegenständlicher Bilder

Aus dem bislang zum traditionellen Verständnis des computergraphischen Realismus Dargelegten kann man als Fragen formulieren:

(1) Welche Rolle spielen die Szenenmodellierung und die Rendering-Algorithmen, speziell die Beleuchtungsmodelle, für den Realismus?

(2) Gibt es technische und objektive Kriterien, nach welchen der "Realismus" eines Bildes beurteilbar ist? Wie essentiell sind eher subjektive Maßstäbe, der Betrachter des Bildes?

(3) Ist der landläufige computergraphische Realismus ein Bilderzeugen "nach der Natur", also ein computergraphischer *Naturalismus*? Falls nein, was wären die wesentlichen Elemente eines solchen Naturalismus?

2.3 Der Wirklichkeitsbezug des computergraphischen Realismus

Den Prozeß der Bilderzeugung und Bildbetrachtung kann man, wie in Abb. 2.6 dargestellt, in einen Aufnahme-, Bearbeitungs-, Wiedergabe- und Betrachtungsprozeß unterteilen.

Dabei kann die Bildquelle ebenso eine Kamera sein, die eine natürliche Szene aufnimmt, wie ein Computer, der eine geeignete rechnerinterne Repräsentation visualisiert. Bilder werden auf ein Bildmedium gebracht; im Beispiel sei dies ein Film - stellvertretend für andere Medien wie Video, photographische Papierbilder, Druck, etc. Das Bildmedium, in unserem Beispiel der Film, wird in der Regel weiterverarbeitet, es können Schnitte, Retuschen, Mischungen, etc. vorgenommen werden. Der Film, der die Bilder trägt, wird über eine Wiedergabevorrichtung einem (menschlichen) Betrachter gezeigt. Der Betrachter sieht die gezeigten Bilder und vergleicht sie (ob willkürlich oder nicht) mit Bildern seiner Erfahrung und Erinnerung. Letztendlich kommt es beim Betrachter zu einer Identifikation eines bekannten Gegenstandes aus der Realität mit dem Gegenstand, den das Bild zeigt, respektive zeigen soll.

Ein *gegenständliches Bild* erreicht seinen Zweck, falls der Betrachter den abgebildeten Gegenstand erkennen kann. Kann der Betrachter keinen Gegenstand aus der Realität im Bild erkennen, wird er das Bild nicht als gegenständlich, sondern als abstrakt taxieren. Man kann - im Sinne einer minimalen Anforderung - von *Realismus* sprechen, falls der Betrachter das Bild mit dem Abgebildeten identifiziert. In obigem Fall denkt der Betrachter "Das ist(!) ein Haus", und nicht: "Das ist eine beleuchtete Leinwand".

Der Mechanismus der Identifikation des Abbilds mit dem Abgebildeten kann sehr weit gehen. In einem (Flug-)Simulator kann das mechanische System zur Bewegungssimulation vereinfacht werden, weil der Realismus der Sichtsimulation den Piloten derart "mitnimmt", daß nicht nur Emotionen, sondern auch physische Bewegungen induziert werden. Letzteren Effekt kann man auch beim Betrachten eines "Achterbahn-Films" beobachten: Der Betrachter wird durch die gezeigten Beschleunigungs- und Bremsvorgänge direkt affektiert. In diesen Fällen könnte man von einem "gesteigerten Realismus" im Bild sprechen.

Der Realismus hat seine absolute Obergrenze im klassischen Fall *Pygmalion*: Hier wird die Gleichsetzung des Bildes - in diesem Fall wird der Legende nach eine Statue lebendig (wie in Abb. 2.5 dargestellt) - mit dem Abgebildeten perfekt: Das Bild ist mit dem Abgebildeten identisch, der Bildinhalt selbst ist Realität geworden [Gomb86, S. 116].

Es besteht beim Realismus eine Beziehung, ein Morphismus, zwischen Bild und Abgebildetem: Gegenständliche, realistische Bilder sind Modelle der Wirklichkeit (der Natur, der Realität). Dieser Morphismus zwischen Bild und Realität ist nicht per se vorhanden, vielmehr wird er vom Betrachter des Bildes förmlich konstruiert. E. Gombrich nennt dies den "Anteil des Beschauers" [Gomb86, S. 206ff.]. Es besteht also eine strenge Subjektivität, die Instanz *Betrachter* entscheidet, ob ein Bild etwas mit der Wirklichkeit zu tun hat. Der Betrachter erkennt die dargestellten Gegenstände - oder eben nicht; dies kann von Betrachter zu Betrachter individuell verschieden sein.

Die strenge Subjektivität der realistischen Darstellung kann selbst bei Bildern beobachtet werden, bei welchen auf eine "objektiv realistische" Darstellung besondere Mühe verwandt worden ist.

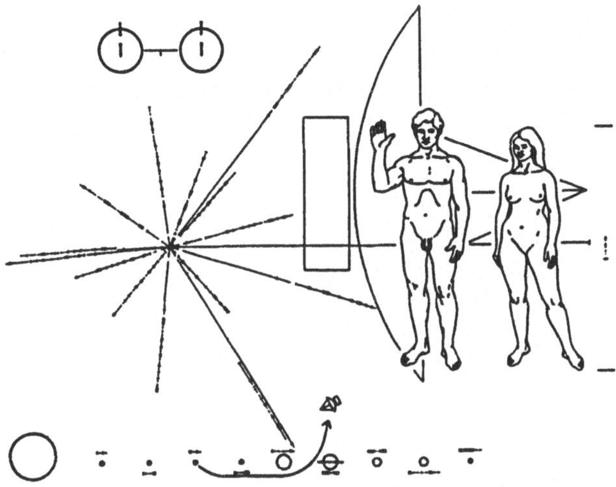

Abb. 2.7. Der Versuch eines "objektiv realistischen Bildes": Bildplakette an der *Pioneer*-Raumsonde. (NASA, 1972)

Hierzu gibt E. Gombrich [Gomb84, S. 146-148] ein treffendes Beispiel: "(...) So versah die amerikanische Weltraumbehörde (NASA) die beiden Raumsonden Pioneer 10 und 11 (...) je mit einer Bildbotschaft auf einer Plakette. Man spekulierte mit der unwahrscheinlichen Chance, daß diese von Menschenhand geschaffenen Apparaturen den Weg intelligenter, wissenschaftlich erfahrener Wesen kreuzen könnten. Der Versuch war kaum ganz ernst gemeint, aber es lohnt sich hier, ihn so zu nehmen. (...) wie wir gesehen haben, hängt die Erfassung eines Bildes wie die jeder anderen Nachricht von unserer vorherigen Kenntnis der Möglichkeiten ab. (...) Wir können unterscheiden, welche Linien Konturen andeuten, und welche nur der konventionellen Modellierung dienen. Unseren 'wissenschaftlich erfahrenen' Mitwesen im Weltall könnten wir es nicht übelnehmen, wenn sie diese Figuren irrtümlich als Drahtkonstruktionen ansehen mit dazwischen schwerelos herumschwebendem Kleinkram.

Selbst wenn sie diese Abstraktion als solche zu entziffern vermögen, als was würden sie dann den etwas verdeckten rechten Arm der Frau interpretieren, der wie Hals und Schnabel eines Flamingos spitz zuläuft? (...) Was die Geste betrifft, daß der Mann die Hand zum Gruß erhoben hat (das weibliche Exemplar der Spezies scheint kontaktärmer zu sein), so wäre noch nicht einmal ein irdischer Chinese oder Inder in der Lage, diese Gebärde aus seinem eigenen Repertoire heraus zu erklären."

Wenn man einen Morphismus zwischen Bild und Realität (den *Wirklichkeitsbezug*), gleich ob dieser nur vom Bildbetrachter abhängt oder nicht, als wesentlich für den Realismus erkennt, so hat dies eine interessante Folgerung für viele Bilder des sogenannten computergraphischen Realismus.

Abb. 2.8. Computergraphischer Idealismus in einem mit Ray-Tracing erstellten Bild. (FhG-AGD, 1989)

Viele computergraphische Bilder haben nämlich gar keinen Wirklichkeitsbezug, weil in diesen Bildern anstatt *realer* Dinge nur *ideale* Dinge dargestellt werden, das sind durch mathematische Abstraktionen und Modellbildungen modellierte Szenen. Ein in einer Computergraphik dargestelltes ideal-planes Polygon, oder eine dargestellte ideale Kugel, hat (trivialerweise) in der Natur keinerlei Entsprechung.

In diesem Licht betrachtet ist es fast Ironie, daß etliches von dem, was man in der Computergraphik als "Realismus" bezeichnet, eigentlich das genaue Gegenteil davon, nämlich "Idealismus" ist. Man muß computergraphische Bilder als idealistisch einordnen, wenn zu ihrer Erzeugung von realen Gegebenheiten, im Sinne der geometrischen Modellbildung für die Objekte in der dargestellten Szene und für die Beleuchtung, abstrahierend und idealisierend vorgegangen worden ist. In einer ironischen und damit auch abwertenden Weise blickt Heckbert [Heck88] auf die Anfänge der realistischen Computergraphik zurück, er bemerkt, daß bislang "a number of surface primitives" mit dem Ray-Tracing-Verfahren dargestellt worden seien, darunter so wichtige und essentielle Dinge wie "checkerboards, chrome balls, glass balls, robot arms, blue abstract things, more glass balls, mandrills, more mandrills, green fractal hills, more glass balls, aquatic blobby things, more chrome balls, pool balls, more glass balls."

Heckbert mißt den generierten Bildern offenbar keinen großen Wirklichkeitsbezug bei. Ein typisches Beispiel für eine idealistische Computergraphik zeigt die Abb. 2.8. Im landläufigen Sinne würde dieses Bild als computergraphisch "realistisch" eingestuft werden - wegen der eingesetzten Bildgenerierungsmethoden, welche in Ray-Tracing-Technik die Kugeln über dem Schachbrett mit Lichteffekten, wie Schattenwurf, Brechung, etc. darzustellen vermag. Der Bildinhalt ist aber ganz klar ein idealistischer.

2.4 Prinzipien der Erzeugung naturalistischer computergraphischer Bilder

Durch die Darlegungen in den vorigen Abschnitten sind zwei Kernsätze evident geworden.

(1) Der Begriff "Realismus" ist im Kontext der Computergraphik ein heikler Begriff, welcher für manche computergraphisch-realistische Bilder sogar in sein Gegenteil, den Idealismus, verkehrt ist.

(2) Der Wirklichkeitsbezug eines Bildes fußt auf subjektiven, vom Betrachter eines Bildes abhängigen Prinzipien. Diese sind beim Entwurf der Rendering-Algorithmen für naturalistische Computergraphiken zu beachten.

Was sind aber die wesentlichen Merkmale von dreidimensionalen Szenen als Grundlage der Visualisierung realistischer, gar naturalistischer Computergraphiken? An dieser Stelle ist es nützlich, die enzyklopädische Definition des Naturalismus und Realismus zu Rate zu ziehen.

Der Große Brockhaus schreibt zum Naturalismus, daß er "nicht genau abgrenzbar (ist), insbesondere nicht vom Realismus, als dessen Steigerung er verstanden wird. Das 'Natürliche' gilt als das schlechthin verpflichtende Vorbild bis in alle Einzelheiten hinein. Für die Illusion scheint die Grenze zwischen Kunst und Wirklichkeit aufgehoben. Naturalistische Perioden pflegen im Gegenzug gegen idealistische aufzutreten." [Broc71, Bd.13, S. 237].

Zur Definition des Realismus hingegen wird ausgeführt: "Der Realismus begreift die Gegenständlichkeit des Dargestellten (der Person ebenso wie des Gegenstandes) durch das Bemühen um das Verständnis oder die Interpretation seiner charakteristischen Eigenschaften, der Naturalismus verhält sich im Unterschied dazu der sichtbar erfahrenen Wirklichkeit gegenüber neutral." [Broc71, Bd.15, S. 487].

Für naturalistische Computergraphiken muß mithin gelten:

(1) Naturalistische Computergraphiken sind bis in die Einzelheiten hinein korrekte Abbilder der Natur.

(2) Naturalistische Computergraphiken stellen keine mathematisch-idealisierten Objekte im Bild dar, sondern nur solche, welche in der Realität existieren.

(3) Naturalistische Computergraphiken sind interpretativ neutral, sie spiegeln im Bildinhalt keine spezifischen Weltanschauungen wider.

Damit stehen für die geometrische Modellierung von in naturalistischen Computergraphiken dargestellten dreidimensionalen Szenen eigentlich nur *meßtechnische Verfahren* zur Verfügung. Nur durch direkte Messung der Objektgeometrien und durch Photographie der verwendeten Oberflächentexturen in der Natur kann eine idealisierende - und damit un-realistische, un-naturalistische - Modellierung vermieden werden.

Die Folgerungen des Naturalismus sind für die *Szenen-Modellierung* strikt; welche Konsequenzen hat die strenge Subjektivität des Realismus, die Rolle des Bildbetrachters, für den Entwurf von *Rendering-Algorithmen*?

Als das wesentliche Element des Renderings muß man die perspektivische Darstellung der Szene im Bild berücksichtigen. Zur perspektivischen Projektion schreibt Blake [Blak90]: "Perspective is the method for computing realistic images. Broadly interpreted, it covers numerous techniques for mimicking a viewer's subjective experience of an environment. Simple linear or artificial perspective can, however, produce a 'realism' that runs counter to intuition. (...) (A) renewed look at all forms of perspective (...) might be called the *viewer-centered approach*. This approach grew out of acertaining that (...) the simulation is rendered on a display screen to satisfy the viewer, and the result needs only be 'good enough'. Sight is a utilitarian sense, and irrelevant detail, were it to survive the limitations of the display device, will be ignored."

Damit wird einer Visualisierungs-Philosophie das Wort geredet, welche nicht mehr notwendigerweise den Entwurf eines einzelnen, speziellen Rendering-Algorithmus zum Ziel hat, sondern vielmehr einem algorithmisch-orientierten Bilderzeugungs-Environment ein betrachter-orientiertes Bilderzeugungs-Environment gegenüberstellt.

Im traditionellen *algorithmisch-orientierten* Bilderzeugungs-Environment steht der Algorithmus im Mittelpunkt: Geometrie- und Material-Daten, die eine Szene definieren, werden aus einer Datei von einem entsprechenden Interpreter eingelesen und mittels eines Visualisierungsprogramms (z. B. eines Ray-Tracers) visualisiert. Das Rechenergebnis ist ein orts- und amplitudendiskretes Bild.

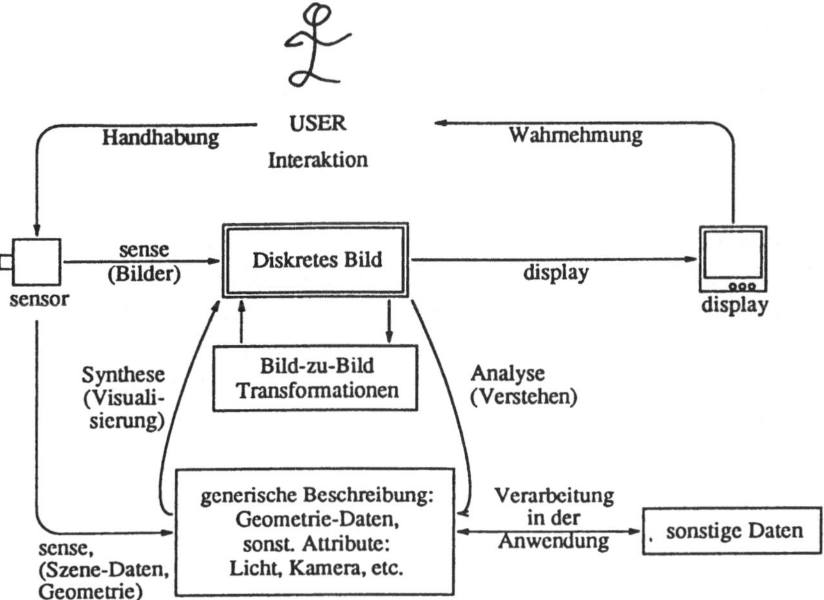

Abb. 2.9. Betrachter- und bildorientiertes Environment

In einem *betrachter- und bildorientierten Environment* steht das diskrete Bild und sein Betrachter im Mittelpunkt des Interesses. Auf das zentrale Bild greifen verschiedene Mechanismen zu seiner Generierung, Bearbeitung und Verarbeitung zu [Imag90, S. 15]; vergleiche Abb. 2.9. Anstatt Bilder als Resultat eines einzigen Verfahrens zu generieren, können Mischformen der Bildgenerierung angewendet werden. Methoden der Bildverarbeitung und graphisch-interaktive Methoden sind bei der Bilderzeugung einsetzbar. Es ist ein Anliegen der vorliegenden Arbeit, ein betrachter- und bildorientiertes Environment zu realisieren und zu implementieren, anstatt sich auf die Entwicklung eines einzelnen, speziellen Bilderzeugungs-Verfahrens zu kaprizieren.

Im einzelnen betrifft dies die folgenden Punkte:

(1) Maßstab für die "Bildqualität" - im allgemeinen Sinn - ist jeweils die vom Betrachter wahrnehmbare Detailgenauigkeit im Bild. Darum wird in Kapitel 3 der vorliegenden Arbeit eine Abschätzung von Bildfehlern geleistet, welche vermeidet, daß bei der Bildgenerierung unnötiger Modellierungs- und Rechenaufwand getrieben wird, welcher zu ohnehin vom Betrachter nicht wahrnehmbaren Details im Bild führen würde.

(2) Bezug zur realen Welt hat das diskrete Bild über den Prozeß der Gewinnung (*sense*) und der Darstellung (*display*). Der direkte Kontakt des Betrachters zum Bild erfolgt über das Display. Einen indirekten Einfluß auf die Bildgestaltung hat der Betrachter über die Handhabung der Bildgewinnungs-Sensoren (Kameras zu Akquisition photographischer Komponenten), in Kapitel 5 der vorliegenden Arbeit beschrieben.

(3) Bild-zu-Bild-Transformationen, z. T. vom Benutzer/Betrachter interaktiv gesteuert, sind das Mittel direkter Manipulation digitalisierter Bilder; sie stellen eine Schnittstelle zwischen generativer Computergraphik und ikonischer Bildverarbeitung dar, da sie zum Algorithmen-Repertoire beider Disziplinen gehören. Die in Anhang B beschriebenen Hilfsverfahren zur Zuordnung polygonaler Daten zu photographischen Komponenten basieren weitgehend auf solchen Bild-zu-Bild-Transformationen.

(4) Generische Beschreibungen von darzustellenden dreidimensionalen Szenen, welche im Fall der Generierung naturalistischer Computergraphiken aus Sense-Prozessen stammen, werden per Synthese-Funktion (d. i. Rendering) zu Bildern verarbeitet, wie in Kapitel 4 und 5 beschrieben. In einem betrachter- und bild-orientierten Environment wird Rendering generell approximativ angelegt sein. Maßstab ist die vom Betrachter wahrnehmbare Detailgenauigkeit im Bild.

Die Verarbeitung sonstiger bildbezogener Informationen, welche per Bildverstehen aus einem Bild gewonnen werden oder per Visualisierung zu einem Bild verarbeitet werden, ist Gegenstand sonstiger Teilgebiete und Anwendungen der Graphischen Datenverarbeitung und der Informatik, welche außerhalb des Themenkreises der vorliegenden Arbeit zu sehen sind.

3 Das Kalkül der nicht-exakten perspektivischen Projektion

In Kapitel 3 wird das Kalkül der nicht-exakten perspektivischen Projektion entwickelt. Die Motivation hierfür - wie in Kapitel 3.1 beschrieben - ist die Approximation und Modellierung von dreidimensionalen *Makro*strukturen - ganzen Objekten oder Teilszenen - durch zweidimensionale ikonisch-photographische Bildkomponenten ("Kulissen"). Dieses Vorgehen wird zu bestimmten Fehlern ε im Bild führen, diese Fehler werden vermöge des Kalküls für ein zu generierendes Bild berechnet; die einzelnen Resultate werden in den Kapiteln 3.2 bis 3.4 hergeleitet. Die Nutzung dieser approximativen perspektivischen Transformation führt zu großen Einsparungen an Modellierungsaufwand und Rechenzeit bei der Generierung von computergraphischen, naturalistischen Fest- und Bewegtbildern. Quantitative Ergebnisse für Bewegtbilder werden in den Kapiteln 3.5. und 3.6, sowie in Anhang A, angegeben.

3.1 Motivation des Kalküls der nicht-exakten perspektivischen Projektion

Für die computergraphische Visualisierung dreidimensionaler Szenen werden die Daten von *Szene, Bildebene* und *Beobachter* - gemäß einer mathematischen Modellierung - im Rechner gespeichert. *Ansichten* der Szene werden als perspektivische Projektion der in der Szene befindlichen *Objekte* auf die zweidimensionale Bildebene unter Berücksichtigung der Position des Beobachters errechnet. Sowohl Änderungen der Position des Beobachters, als auch Änderungen der Positionen der Objekte, führen nach Maßgabe der perspektivischen Projektion im allgemeinen zu Änderungen der Ansicht der Szene. Die Änderungen der Ansicht sind im perspektivisch projizierten Bild allerdings nicht überall gleich. Man kann nach Szenenbereichen fragen, deren Ansicht sich nach einer vorgenommenen Beobachteränderung nur wenig ändert. Szenenbereiche, welche ihre Position im Bild nur unterhalb einer gewählten Schranke ε ändern, sollen ε-*invariante Szenenbereiche* heißen. Für die Bestimmung dieser Szenenbereiche ist es - trivialerweise - unerheblich, ob sich die Position des Beobachters gegenüber der Position der Objekte in der Szene, oder umgekehrt, ob sich die Position der Objekte in der Szene gegenüber der Position des Beobachters verschiebt.

Die Berechnung von ε-invarianten Szenenbereichen kann, im Sinne von Rechenzeitersparnis bei der Bildgenerierung, für zwei Bereiche von Nutzen sein.

(1) Bei der Computeranimation werden computergraphische Bewegtbilder, welche aus einer zeitlichen Sequenz aufeinanderfolgender Einzelbilder bestehen, generiert. Bei einer Beobachterbewegung zwischen zwei Einzelbildern kann der nach Maßgabe einer ε-Toleranz kaum veränderte Bildbereich von einem Einzelbild zum nächsten direkt übernommen werden. Dadurch wird der Rechenaufwand für eine Neuberechnung der perspektivischen Ansicht von ε-invarianten Szenenberei-

chen eingespart. Die entsprechenden Bildteile des Einzelbildes hätten sich ohnehin nur minimal verändert.

(2) Zu visualisierende Szenen können Objekte beinhalten, welche zwar per se dreidimensional, aber "ziemlich flach" sind. Solche flachen Objekte können durch zweidimensionale ikonisch-photographische Komponenten ("Kulissen"), welche eine bildliche Darstellung der Objekte sind, modelliert werden. Durch dieses Vorgehen erspart man sich einerseits den Aufwand der detaillierten dreidimensionalen Modellierung der Objekte, andererseits vereinfachen sich die Rendering-Algorithmen erheblich, was eine Einsparung an Rechenaufwand bedeutet. Die Ersetzung von 3D-Szenenteilen durch 2D-Komponenten läßt sich mathematisch als eine lokale Translation auffassen; an sich "dicke" Objekte werden durch eine "flache" ikonische Repräsentation, eine Kulisse, ersetzt, mithin entsprechend ihrer Dicke transliert. Die durch ein solches Vorgehen verursachten Fehler in der perspektivischen Ansicht der Szene bleiben innerhalb einer vorgegebenen Toleranz ε, falls die Kulisse zu einem ε-invarianten Szenenbereich gehört.

Die Methode nach (1) ist eine *globale Methode*, welche für die Bewegtbildgenerierung die gesamte darzustellende Szene analysiert. Die Methode nach (2) ist hingegen für die Modellierung von Objekten in einer darzustellenden Szene eine *lokale Methode*, es werden von Objekt zu Objekt separate Entscheidungen getroffen; lokale, örtlich begrenzte Translationen werden untersucht.

Die theoretische Berechnung der Strukturen der ε-invarianten Teilräume (Szenenbereiche), welche in diesem Kapitel angestellt wird, trifft keine Aussagen über die von einem menschlichen Beobachter tatsächlich subjektiv tolerierbaren Fehler ε in einem berechneten Bild. Solche Aussagen sind nur experimentell zu gewinnen. Dazu benötigt man Festbild- und Bewegtbild-Beispiele, für welche der in einem Bild vorliegende Fehler ε bestimmt werden kann. Ein Betrachter kann hierauf die (sicherlich individuell leicht variierende) Entscheidung treffen, ob der im Bild vorliegende Fehler ε tolerierbar ist. Erste experimentelle Erfahrungswerte werden in Kapitel 5 dargestellt, es sind gute Anhaltspunkte für weitere Anwendungen des Verfahren der nicht-exakten perspektivischen Projektion.

Zum Kalkül der nicht-exakten perspektivischen Projektion sind nur wenige Vorarbeiten bekannt. In einer Vorarbeit des Autors [Hofm88] konnte als Sekundärliteratur nur eine vom Autor betreute studentische Arbeit von Samara [Sama88] angegeben werden, welcher einige Plotterzeichnungen (modifiziert) zu diesem Kapitel entnommen sind. Die mittlerweile vorliegenden Arbeiten von Blake und Buxton [BlBu89; Blak90] verfolgen eine der nicht-exakten Perspektive ähnliche Fragestellung, jedoch unter einem anderen Ansatz; bei diesen Arbeiten werden die Bildänderungen in Computeranimationen (engl.: *optic flow*) im Ortsfrequenzraum approximiert. Blake [Blak90, S. 407] wiederum kann außer [Hofm88] und eigenen Arbeiten keine weitere

Sekundärliteratur angeben und schreibt: "Hofmann examined the use of scene-shifting in traditional film-making and presented suggestions for its use in computer animation. Scene-shifting is a mechanical way of approximating the three-dimensional effects that result from observer motion by two-dimensional approximations. His analysis is rather intricate. (...)"

3.2 Definitionen zur perspektivischen Projektion

Die perspektivische Projektion einer dreidimensionalen Szene auf die zweidimensionale Bildebene ist *das* grundlegende Verfahren jeder realistischen oder naturalistischen computergraphischen Darstellung einer Szene. Eine Beschreibung der perspektivischen Projektion, wie sie zu Beginn dieses Unterkapitels angegeben wird, findet sich in allen Lehrbüchern der Computergraphik, so z. B. bei Encarnação und Straßer [EnSt86, S. 208ff.], bei Foley et al. [FDFH90, S. 229ff.], oder Hoschek und Lasser [HoLa89, S. 1ff.]. Auf eine eigene Darstellung der perspektivischen Projektion als Ausgangspunkt für die weiteren Betrachtungen und Entwicklungen soll aber im Sinn einer übersichtlichen Darstellung der nicht-exakten perspektivischen Projektion nicht verzichtet werden.

Eine Szene Σ besteht aus einem Betrachter (oder Beobachter), Objekten und der Beleuchtung, mithin kann man definieren:

Definition 3.1: (Szene)
Eine Szene Σ ist ein Tripel
$\Sigma = (V, O, L)$
mit:
V ist der Beobachter,
O ist die Menge der Objekte $o \subset R^3$ und
L ist die Beschreibung der Lichtquellen der Szene.

Die mathematische Struktur von O und L ist für die weitere Entwicklung des Kalküls nicht relevant und braucht darum nicht weiter ausgeführt zu werden. Man definiert weiter:

Definition 3.2: (Beobachter)
Ein Beobachter V ist ein 4-Tupel
$V = (E, D, \omega, U)$
mit:
$E \in R^3$ ist der Augpunkt; dort ist der Beobachter (die Kamera) plaziert,
$D \in R^3$ ist die Blickrichtung,

$\omega \in R^1$ ist der Blickwinkel und

$U \in R^3$ ist der Aufwärtsvektor des Beobachters.

Ein wichtiger Spezialfall des Beobachters zur Vereinfachung der perspektivischen Projektion ist der normalisierte Beobachter; vergleiche hierzu das Diagramm in Abb. 3.1.

Definition 3.3: (Normalisierter Beobachter)
Ein Beobachter heißt normalisierter Beobachter V_n,
$V_n = (E_n, D_n, \omega, U_n)$
falls:
$E_n = (x=0, y=0, z=0) \in R^3$,
$D_n = \lambda \ (x=0, y=0, z=1) \in R^3$,
$\omega \in R^1$ der Blickwinkel ist und
$U_n = \mu \ (x=0, y=1, z=0) \in R^3$,
wobei: $(0<\mu) \in R^1$ und $(0<\lambda) \in R^1$.

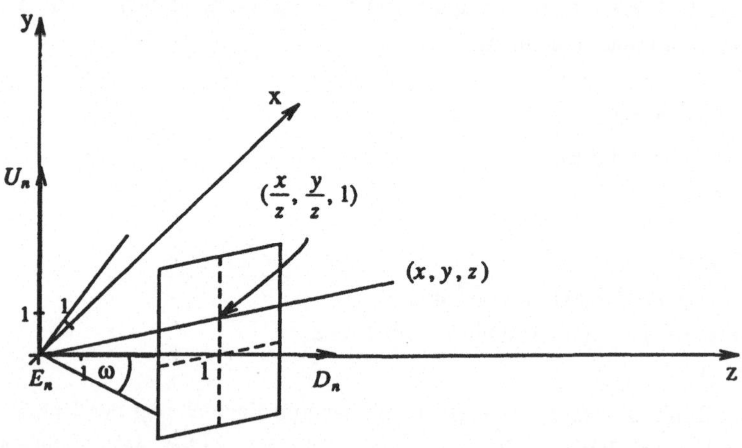

Abb. 3.1. Normalisierter Beobachter $V_n = (E_n, D_n, \omega, U_n)$ und perspektivische Projektion τ auf die Bildebene I

Die (zentral-)perspektivische Projektion τ auf eine Bildebene I, mit

$$I = \left\{ (x,y,z) \in R^3 \ \middle| \ z=1 \right\} ,$$

von Punkten $P(x, y, z>1) \in R^3$ in der Szene Σ mit einem normalisierten Beobachter

V_n ist bestimmt durch

$$\tau \; : \; R^3 \to I \; ; \; \tau\,(P(x,\,y,\,z{>}1)) \; = \; \left[k\frac{x}{z},\; k\frac{y}{z},\; 1 \right] \quad ,$$

wobei k von ω abhängt: $k = \tan^{-1}(\omega)$.

Neben der unendlichen Bildebene I ist die endliche Bildebene I′

$$I \supset I' \; = \; \left\{ (x,y,z) \in R^3 \;\middle|\; z{=}1 \;\text{ und }\; -1{\leq}x{\leq}1 \;\text{ und }\; -1{\leq}y{\leq}1 \right\}$$

zu betrachten, da die Grenzen von I′ den Blickwinkel ω des Beobachters bestimmen. Der Faktor k bildet die unendliche Ebene I teilweise und skalierend auf die endliche Ebene I′ ab. Sinnvollerweise wird I auch als $I(\Sigma)$ bezeichnet, da I eine direkte Herleitung von Σ mittels τ ist.

Zwischen V und V_n besteht folgender Zusammenhang:

Resultat 3.1:
Für jede Szene $\Sigma = (V, O, L)$
existiert eine Szene $\Sigma_n = (V_n, O', L')$
für die gilt: $I(\Sigma) = I(\Sigma_n)$.

Herleitung: (Skizze)
Eine affine Transformation A kann so angegeben werden, daß der Beobachter V in einen normalisierten Beobachter V_n überführt wird. Die Transformation A wird ebenso auf alle Orte der O und L angewandt, dadurch ändert sich die Position des Beobachters relativ zur Szene nicht, daher $I(\Sigma) = I(\Sigma_n)$.

Mit Resultat 3.1 ist es möglich, die weiteren Betrachtungen auf Szenen Σ_n mit normalisiertem Beobachter V_n zu beschränken.

3.3 Änderungen des Beobachters V_n um Beträge ΔV

Wenn sich in einer Szene Σ der Beobachter V ändert, ändert sich auch das Bild $I(\Sigma)$. Da der Beobachter ein 4-Tupel $V = (E, D, \omega, U)$ ist, können Änderungen in jeder Komponente dieses 4-Tupels auftreten: $\Delta V = (\Delta E, \Delta D, \Delta\omega, \Delta U)$.

Die Folgen der Änderungen der verschiedenen Komponenten des Beobachters können wie folgt im einzelnen dargelegt werden:

(1)   Änderung der Aufwärtsrichtung ΔU.

Wie man leicht sieht, hat ein ΔU eine Drehung des Bildes I in sich selbst zur Folge. Dies ist eine zweidimensionale *lineare* Operation in I, und keine Änderung der perspektivischen Ansicht im engeren Sinn.

(2)   Änderung des Blickwinkels $\Delta\omega$.

Die perspektivische Projektion von Punkten $P(x, y, z{>}1) \in R^3$ ist definiert als:

$$\tau \;:\; R^3 \to I \;\;;\;\; \tau\,(P(x, y, z)) \;=\; \left[k\frac{x}{z}, \, k\frac{y}{z}, \, 1 \right]\;.$$

In dieser Gleichung hängt das positive k von ω ab: $(0{<}k) = \tan^{-1}(\omega)$, die Änderung von ω um $\Delta\omega$ führt dann zu: $\Delta k = \tan^{-1}(\Delta\omega)$. Dies bedeutet eine Skalierung des Bildes I um einen Faktor $\dfrac{\Delta k}{k}$. Dies ist wiederum eine *lineare* Abbildung des Bildes I auf sich selbst, und keine Änderung der Perspektive.

(3)   Änderung der Blickrichtung des Beobachters ΔD.

Die Blickrichtung D_n des normalisierten Beobachters V_n ist gleich der z-Achse des Koordinatensystems im R^3.

$$D_n \;=\; \lambda\,(x{=}0, \, y{=}0, \, z{=}1) \qquad \text{mit} \qquad (0{<}\lambda) \in R^1$$

Änderungen ΔD des D_n können in Polarkoordinaten als $\Delta D = (\Delta\phi, \Delta\psi)$ ausgedrückt werden.

Die Vereinigung aller möglicher ΔD ist die zweidimensionale Sphäre S^2 mit dem Radius 1 und mit Mittelpunkt im Ursprung des Koordinatensystems, wo der Augpunkt des normalisierten Beobachters liegt.

Deshalb muß das Bild, welches alle Alterationen von D abdeckt, ein kugelförmiges Gebilde sein, welches für einen gegebenen Standpunkt des Betrachters für alle Änderungen der Blickrichtungen vorab berechnet werden kann.

(4)   Änderungen des Augpunkts ΔE.

Dieser einzige Fall einer echten Perspektivenänderung, nämlich der Änderung der Lokalisation des Beobachters, wird in den folgenden Unterkapiteln 3.4.1 bis 3.4.3 erörtert.

3.4 Änderungen ΔE des Augpunktes des Beobachters

Der Augpunkt E des Beobachters ist ein Punkt im dreidimensionalen Raum mit dem Koordinatentripel $E = (x, y, z) \in R^3$. Änderungen ΔE des E können jede Komponente dieses Tripels betreffen $\Delta E = (\Delta x, \Delta y, \Delta z) \in R^3$, die ΔE sind also Δx, Δy oder Δz, bzw. Kombinationen derselben.

Für die weiteren Betrachtungen, welche die Änderungen von perspektivischen Ansichten nach Maßgabe von Änderungen der Position des Beobachters behandeln, muß die Ansicht definiert sein; eine Ansicht wird als Kombination von Bild und Beobachter verstanden.

Definition 3.4: (Ansicht)
Eine Ansicht ist ein Paar
$(V, I(\Sigma))$
wobei:
V der Beobachter, und
$I(\Sigma)$ das Bild der Szene Σ ist.

Sei I_1 das Bild nach Maßgabe eines normalisierten Beobachters V_n. Es trete dann eine Denormalisierung ΔV des Beobachters auf, welche zu einem Beobachter V_Δ führt.

$$V_n \xrightarrow{\Delta V} V_\Delta$$

Es ensteht eine veränderte Ansicht (V_Δ, I_2).

$$(V_n, I_1) \xrightarrow{\Delta V} (V_\Delta, I_2)$$

I_2 wird gegenüber I_1 gewisse Unterschiede zeigen, das heißt, Objekte, die die Bilder I_i zeigen, können an unterschiedlichen Stellen im Bild plaziert sein.

Die Fragestellung ist nun, unter welchen Umständen die I_i "fast gleich" sind. "Fast gleich" heißt, daß Objekte nicht um mehr als einen Betrag ε bezüglich ihrer Plazierung in den Bildern differieren. Diese fast gleich plazierten Objekte gehören dann zu einem sogenannten ε-invarianten Unterraum (oder ε-invarianten Teilszene) des R^3 bezüglich zweier Ansichten.

Definition 3.5: (ε-invarianter Unterraum, ε-invariante Teilszene)
Der bezüglich zweier Ansichten ε-invariante Unterraum des R^3
$\varepsilon [(V_1, I_1), (V_2, I_2)] \in R^3$
ist bestimmt durch:

$$\varepsilon [(V_1, I_1), (V_2, I_2)] = \left\{ P \in R^3 \;\middle|\; \tau(P) - \tau(\Delta V(P)) < \varepsilon \right\}$$

Mit Hilfe dieser Definitionen kann man verschiedene ΔV im Detail diskutieren.

3.4.1 Änderungen Δx oder Δy des Beobachters

Änderungen Δx oder Δy des Beobachters sind Verschiebungen orthogonal zur Blickrichtung D_n des normalisierten Beobachters V_n.

Es trete eine Verschiebung $-\Delta x$ des Beobachters auf - dies entspricht einer Verschiebung der Objekte in der Szene um den Betrag $+\Delta x$:

$$V_n \xrightarrow{\;-\Delta x\;} V_{-\Delta x}$$

Die beiden Ansichten, eine vor und eine nach der aufgetretenen Verschiebung, werden als

$$(V_n, I_1) \quad \text{und} \quad (V_{-\Delta x}, I_2)$$

notiert. Die ε-invariante Teilszene bezüglich dieser beiden Ansichten ist:

Resultat 3.2:

$$\varepsilon\,[(V_n, I_1), (V_{-\Delta x}, I_2)] \;=\; \left\{ (x, y, z) \in R^3 \;\middle|\; z > \frac{k}{\varepsilon}\,|\Delta x| \right\}$$

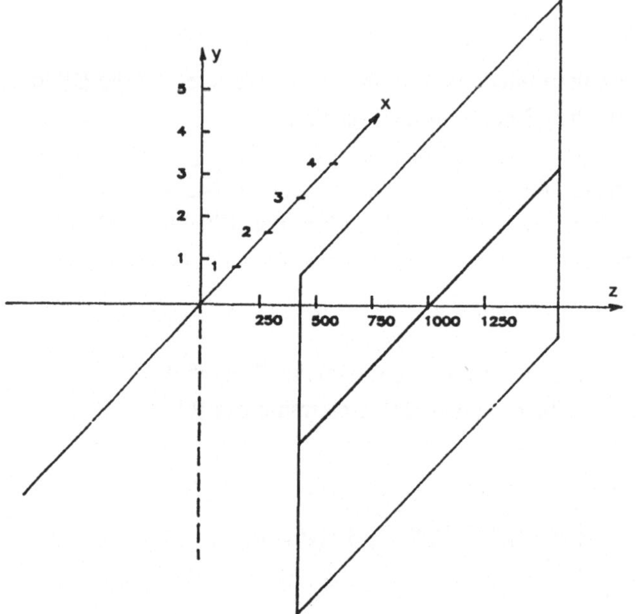

Abb. 3.2. Die Begrenzung des Unterraums $\varepsilon\,[(V_n, I_1), (V_{-\Delta x}, I_2)]$ gemäß Resultat 3.2

Herleitung:

Da der Beobachter um $-\Delta x$ geändert wurde, verschieben sich die Punkte im R^3 nach der erneuten Renormalisierung des Beobachters um einen Betrag Δx. (Womit auch die Verschiebung von Objekten um Δx ohne Änderung des Beobachters abgedeckt wird.)

Die perspektivische Projektion eines Punktes $k\dfrac{x}{z}$ soll nicht mehr als um ε von der perspektivischen Projektion des geänderten Punktes $k\dfrac{x + \Delta x}{z}$ verschieden sein:

$$\left| k\,\frac{x}{z} - k\,\frac{x + \Delta x}{z} \right| < \varepsilon$$

Daher gilt, da $z > 0$ und $k > 0$:

$$\left| \frac{x}{z} - \frac{x + \Delta x}{z} \right| < \frac{\varepsilon}{k}$$

$$\frac{|\Delta x|}{z} < \frac{\varepsilon}{k}$$

$$|\Delta x| < \frac{\varepsilon}{k}\,z$$

$$|\Delta x|\,\frac{k}{\varepsilon} < z \quad .$$

Dazu kann man direkt ein Korollar angeben.

Korollar:

$$\varepsilon\,[(V_n, I_1), (V_{-\Delta y}, I_2)] = \left\{ (x, y, z) \in R^3 \;\middle|\; z > \frac{k}{\varepsilon}\,|\Delta y| \right\}$$

Herleitung:

Trivial über textuelle Substitution von Δx durch Δy.

Resultat 3.2 und das Korollar haben gezeigt, daß der ε-invariante Unterraum für Verschiebungen des Beobachters orthogonal zur Blickrichtung durch eine Ebene, ebenfalls orthogonal zur Blickrichtung, begrenzt ist. Ab einer konstanten Entfernung bleibt das resultierende Bild nach einer Beobachteränderung bis auf Fehler ε "fast gleich"; siehe hierzu Abb. 3.2.

3.4.2 Änderungen Δz des Beobachters

Änderungen Δz sind Bewegungen des Beobachters entlang der Blickrichtung in die Szene hinein.

Man geht von der normalisierten Ansicht (V_n, I_1) aus. Eine Denormalisierung $-\Delta z$ des Beobachters - diese ist äquivalent mit einer Objektverschiebung um $+\Delta z$

$$V_n \xrightarrow{\ -\Delta z\ } V_{-\Delta z}$$

führt zu einer geänderten Ansicht $(V_{-\Delta z}, I_2)$; für den entsprechenden ε-invarianten Unterraum kann man das folgende Resultat 3.3 formulieren.

Resultat 3.3:

$$\varepsilon \, [(V_n, I_1), (V_{-\Delta z}, I_2)] \ =$$
$$\varepsilon_x \, [(V_n, I_1), (V_{-\Delta z}, I_2)] \ \cap \ \varepsilon_y \, [(V_n, I_1), (V_{-\Delta z}, I_2)]$$
wobei,

i. abhängig davon, ob das Argument der Quadratwurzel positiv ist, entweder:

$$\varepsilon_x \, [(V_n, I_1), (V_{-\Delta z}, I_2)]$$

$$= \left\{ (x, y, z) \in R^3 \ \middle| \ z > -\frac{\Delta z}{2} + \left[\frac{\Delta z^2}{4} + \frac{k}{\varepsilon} \, x \, \Delta z \right]^{\frac{1}{2}} \right\}$$

oder:

$$\varepsilon_x \, [(V_n, I_1), (V_{-\Delta z}, I_2)]$$

$$= \left\{ (x, y, z) \in R^3 \ \middle| \ z > -\frac{\Delta z}{2} + \left[\frac{\Delta z^2}{4} - \frac{k}{\varepsilon} \, x \, \Delta z \right]^{\frac{1}{2}} \right\}$$

ii. abhängig davon, ob das Argument der Quadratwurzel positiv ist, entweder:

$$\varepsilon_y \, [(V_n, I_1), (V_{-\Delta z}, I_2)]$$

$$= \left\{ (x, y, z) \in R^3 \ \middle| \ z > -\frac{\Delta z}{2} + \left[\frac{\Delta z^2}{4} + \frac{k}{\varepsilon} \, y \, \Delta z \right]^{\frac{1}{2}} \right\}$$

oder:

$$\varepsilon_y \, [(V_n, I_1), (V_{-\Delta z}, I_2)]$$

$$= \left\{ (x, y, z) \in R^3 \ \middle| \ z > -\frac{\Delta z}{2} + \left[\frac{\Delta z^2}{4} - \frac{k}{\varepsilon} \, y \, \Delta z \right]^{\frac{1}{2}} \right\}$$

Herleitung:

In Analogie der Herleitung des vorherigen Resultats sollen wiederum die perspektivischen Projektionen von $k\,\dfrac{x}{z}$ und $k\,\dfrac{x}{z+\Delta z}$ um nicht mehr als ε voneinander differieren.

$$\left|\, k\,\frac{x}{z} - k\,\frac{x}{z+\Delta z}\,\right| \;<\; \varepsilon$$

Durch einfache Multiplikation erhält man:

$$\left|\, \frac{x\,z + x\Delta z - x\,z}{z^2 + z\Delta z}\,\right| \;<\; \frac{\varepsilon}{k}$$

Je nachdem, ob der linke Term positiv oder negativ ist, müssen zwei Fälle berücksichtigt werden, durch "$\pm$" markiert:

$$\pm\, x\Delta z \;<\; \frac{\varepsilon}{k}\,z^2 + \frac{\varepsilon}{k}\,z\Delta z$$

$$0 \;<\; z^2 + z\Delta z \pm x\Delta z\,\frac{k}{\varepsilon}$$

Womit das Resultat direkt evident ist:

$$z \;>\; -\frac{\Delta z}{2} + \left[\frac{\Delta z^2}{4} \pm x\Delta z\,\frac{k}{\varepsilon}\right]^{\frac{1}{2}}$$

(Der Term

$$z \;<\; -\frac{\Delta z}{2} - \left[\frac{\Delta z^2}{4} \pm x\Delta z\,\frac{k}{\varepsilon}\right]^{\frac{1}{2}}$$

bezeichnet die negativen z-Werte, welche irrelevant sind - der Beobachter sieht nicht nach rückwärts, entgegen der Blickrichtung.)

Die Herleitung wird durch eine triviale textuelle Substitution von x durch y vervollständigt.

Das Resultat 3.3 hat gezeigt, daß für Verschiebungen des Betrachters kollinear zur Blickrichtung ein ε-invarianter Unterraum existiert, der einem Lautsprecher (Megaphon) nicht unähnlich sieht; siehe hierzu die Abb. 3.3. Allerdings sind die Trichter von Lautsprechern in der Regel von exponentialer Gestalt, während der Unterraum in Abb. 3.3 eine polygonale Begrenzungsfläche hat.

3.4.3 Allgemeine Beobachter-Translationen in x, y und in z

Nun soll die Verallgemeinerung der Beobachter-Translationen um beliebige Vektoren $(\Delta x, \Delta y, \Delta z)$ betrachtet werden - in den beiden vorigen Unterkapiteln wurden jeweils die Spezialfälle $(\Delta x, \Delta y)$ und (Δz) behandelt.

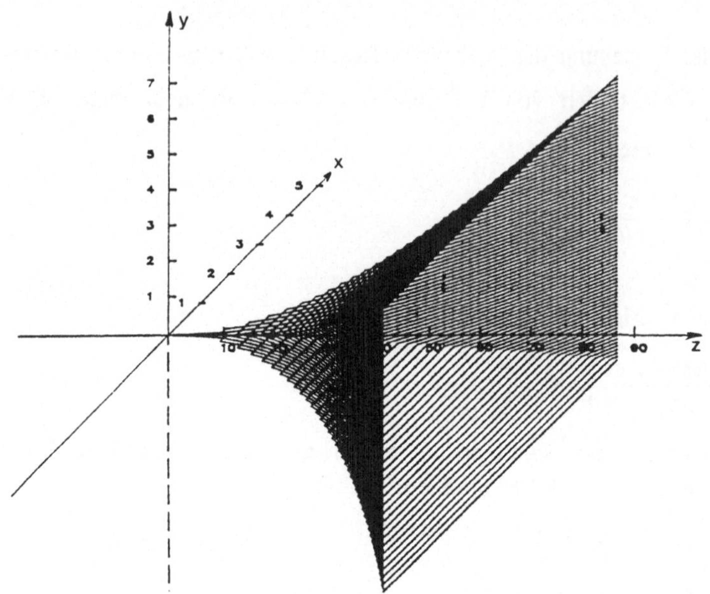

Abb. 3.3. Die Begrenzung des Unterraums (Teilszene) ε [(V_n, I_1), $(V_{-\Delta z}, I_2)$] gemäß Resultat 3.3

Hierzu betrachtet man die Ansicht (V_n, I_1) ; eine Denormalisierung $(-\Delta x, -\Delta y, -\Delta z)$ des Beobachters

$$V_n \xrightarrow{\ (-\Delta x,\ -\Delta y,\ -\Delta z)\ } V_{(-\Delta x,\ -\Delta y,\ -\Delta z)}$$

hat eine geänderte Ansicht zur Folge $(V_{(-\Delta x,\ -\Delta y,\ -\Delta z)}, I_2)$; man kann ein Resultat formulieren:

Resultat 3.4:

ε [(V_n, I_1), $(V_{(-\Delta x,\ -\Delta y,\ -\Delta z)}, I_2)$] =

ε_x [(V_n, I_1), $(V_{(-\Delta x,\ -\Delta y,\ -\Delta z)}, I_2)$] $\cap$ ε_y [(V_n, I_1), $(V_{(-\Delta x,\ -\Delta y,\ -\Delta z)}, I_2)$]

wobei,

i. abhängig davon, ob das Argument der Quadratwurzel positiv ist, entweder:

$$\varepsilon_x\,[(V_n,\,I_1),\,(V_{(-\Delta x,\,-\Delta y,\,-\Delta z)},\,I_2)]\;=$$

$$\left\{(x,\,y,\,z)\;\in\;R^3\;\middle|\;z\;>\;-\,\frac{\Delta z+\dfrac{k}{\varepsilon}\Delta x}{2}\;+\;\left[\frac{1}{4}\left[\Delta z+\frac{k}{\varepsilon}\Delta x\right]^2\;+\;\frac{k}{\varepsilon}\,x\,\Delta z\right]^{\frac{1}{2}}\right\}$$

oder:

$$\varepsilon_x\,[(V_n,\,I_1),\,(V_{(-\Delta x,\,-\Delta y,\,-\Delta z)},\,I_2)]\;=$$

$$\left\{(x,\,y,\,z)\;\in\;R^3\;\middle|\;z\;>\;-\,\frac{\Delta z-\dfrac{k}{\varepsilon}\Delta x}{2}\;+\;\left[\frac{1}{4}\left[\Delta z-\frac{k}{\varepsilon}\Delta x\right]^2\;-\;\frac{k}{\varepsilon}\,x\,\Delta z\right]^{\frac{1}{2}}\right\}$$

ii. abhängig davon, ob das Argument der Quadratwurzel positiv ist, entweder:

$$\varepsilon_y\,[(V_n,\,I_1),\,(V_{(-\Delta x,\,-\Delta y,\,-\Delta z)},\,I_2)]\;=$$

$$\left\{(x,\,y,\,z)\;\in\;R^3\;\middle|\;z\;>\;-\,\frac{\Delta z+\dfrac{k}{\varepsilon}\Delta y}{2}\;+\;\left[\frac{1}{4}\left[\Delta z+\frac{k}{\varepsilon}\Delta y\right]^2\;+\;\frac{k}{\varepsilon}\,y\,\Delta z\right]^{\frac{1}{2}}\right\}$$

oder:

$$\varepsilon_y\,[(V_n,\,I_1),\,(V_{(-\Delta x,\,-\Delta y,\,-\Delta z)},\,I_2)]\;=$$

$$\left\{(x,\,y,\,z)\;\in\;R^3\;\middle|\;z\;>\;-\,\frac{\Delta z-\dfrac{k}{\varepsilon}\Delta y}{2}\;+\;\left[\frac{1}{4}\left[\Delta z-\frac{k}{\varepsilon}\Delta y\right]^2\;-\;\frac{k}{\varepsilon}\,y\,\Delta z\right]^{\frac{1}{2}}\right\}$$

Herleitung:

Die perspektivische Projektion eines Punktes $k\dfrac{x}{z}$ soll nicht mehr als ε von der

perspektivischen Projektion des translierten Punktes $k\dfrac{x+\Delta x}{z+\Delta z}$ verschieden

sein:

$$\left|\,k\frac{x}{z}\;-\;k\frac{x+\Delta x}{z+\Delta z}\,\right|\;<\;\varepsilon$$

Durch einfaches Multiplizieren erhält man:

$$\left|\,\frac{x\,z+x\Delta z-x\,z-z\Delta x}{z^2+z\Delta z}\,\right|\;<\;\frac{\varepsilon}{k}$$

$$\left|\,x\,z+x\Delta z-x\,z-z\Delta x\,\right|\;<\;\frac{\varepsilon}{k}z^2+z\Delta z$$

Der linke Term ist entweder positiv oder negativ, man muß eine Fallunterscheidung ("±") vornehmen

$$\pm\,(x\Delta z \;-\; z\Delta x) \;\;<\;\; \frac{\varepsilon}{k}z^2 \;+\; \frac{\varepsilon}{k}z\Delta z$$

aus welcher

$$0 \;\;<\;\; z^2 \;+\; z\left(\Delta z \;+\; \frac{k}{\varepsilon}\Delta x\right) \;-\; \frac{k}{\varepsilon}x\Delta z$$

bzw.

$$0 \;\;<\;\; z^2 \;-\; z\left(-\Delta z \;+\; \frac{k}{\varepsilon}\Delta x\right) \;+\; \frac{k}{\varepsilon}x\Delta z$$

direkt folgt. Weiterhin gilt

$$z \;\;>\;\; -\,\frac{\Delta z + \dfrac{k}{\varepsilon}\Delta x}{2} \;+\; \left[\frac{1}{4}\left[\Delta z + \frac{k}{\varepsilon}\Delta x\right]^2 + \frac{k}{\varepsilon}x\Delta z\right]^{\frac{1}{2}}$$

bzw.

$$z \;\;>\;\; -\,\frac{\Delta z - \dfrac{k}{\varepsilon}\Delta x}{2} \;+\; \left[\frac{1}{4}\left[-\Delta z + \frac{k}{\varepsilon}\Delta x\right]^2 - \frac{k}{\varepsilon}x\Delta z\right]^{\frac{1}{2}} \quad .$$

(Der Term

$$z \;\;<\;\; -\,\frac{\Delta z \pm \dfrac{k}{\varepsilon}\Delta x}{2} \;-\; \left[\frac{1}{4}\left[\pm\,\Delta z + \frac{k}{\varepsilon}\Delta x\right]^2 \pm \frac{k}{\varepsilon}x\Delta z\right]^{\frac{1}{2}}$$

repräsentiert die irrelevanten negativen z-Werte.)

Durch einfache textuelle Substitution von x durch y wird die Herleitung vervollständigt.

Nach Resultat 3.4 existiert für allgemeine Translationen des Beobachters ein ε-invarianter Unterraum, wie er in Abb. 3.4 dargestellt ist. In seiner Form finden sich der "Lautsprecher" von Resultat 3.3 und die ebene Begrenzung von Resultate 3.2 dahingehend wieder, als Resultat 3.2 und Resultat 3.3 Spezialfälle von Resultat 3.4 sind. Man setzt in Resultat 3.4 $\Delta z{=}0$ und erhält Resultat 3.2, bzw. setzt $\Delta x{=}0$ und erhält Resultat 3.3.

3.5 Anwendung der nicht-exakten perspektivischen Projektion für die Generierung von Bewegtbildern

Zwei wichtige Anwendungen des Kalküls der nicht-exakten perspektivischen Projektion wurden identifiziert:

(1) Die Berechnung der Bildfehler einer Größe ε, welche bei einer Beobachterverschiebung, beziehungsweise bei einer *lokalen* Objektdeplazierung, in *einem* Bild auftreten können.

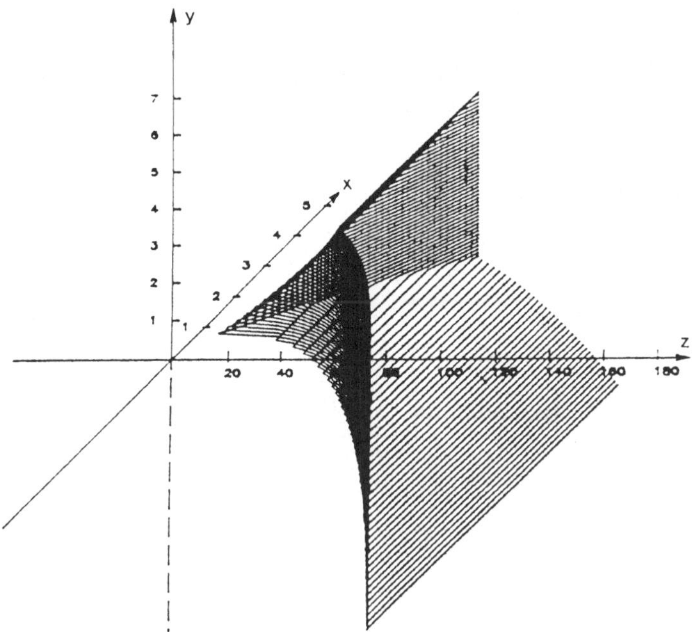

Abb. 3.4. Die Begrenzung des Unterraums ε [(V_n, I_1), $(V_{(-\Delta x, -\Delta y, -\Delta z)}, I_2)$] gemäß Resultat 3.4

(2) Die Ausnutzung von Bildfehlern ε bei der Bewegtbildgenerierung (Computeranimation), wo *globale* Änderungen des Beobachterstandorts, bzw. Objektverschiebungen in der Szene, als zweidimensionale Transformationen in der Bildebene approximiert werden können (Kulissenschieben).

Die Anwendung von (1) ist von Nutzen bei der Einzelbildgenerierung, die Anwendung (2) ist von Nutzen bei der Bewegtbildgenerierung. Bei der traditionellen Bewegtbildgenerierung (Computeranimation) werden alle Einzelbilder einer zeitlichen Bewegtbildsequenz Einzelbild für Einzelbild getrennt ausgerechnet. Jedes einzelne Bild durchläuft für sich eine Visualisierungs-Pipeline, wie in Abb. 3.5, links, dargestellt. Der Ansatz, durch geeignete zweidimensionale Transformationen in der Bildebene gewisse Teile eines Einzelbildes aus seinem Vorgängerbild approximativ zu berechnen, läßt sich als eine Umgehung der klassischen Visualisierungs-Pipeline begreifen, so wie in Abb. 3.5, rechts, dargestellt. Zweidimensionale Transformationen in der Bildebene sind einfacher zu berechnen sind als die komplette Neu-Generierung eines Einzelbildes. Die Anwendung der nicht-exakten perspektivischen Projektion in der Bewegtbildgenerierung ist daher mit hohen Einsparungen an Rechenzeit verbunden, ohne daß man große Verluste an Bildqualität in Kauf nehmen muß.

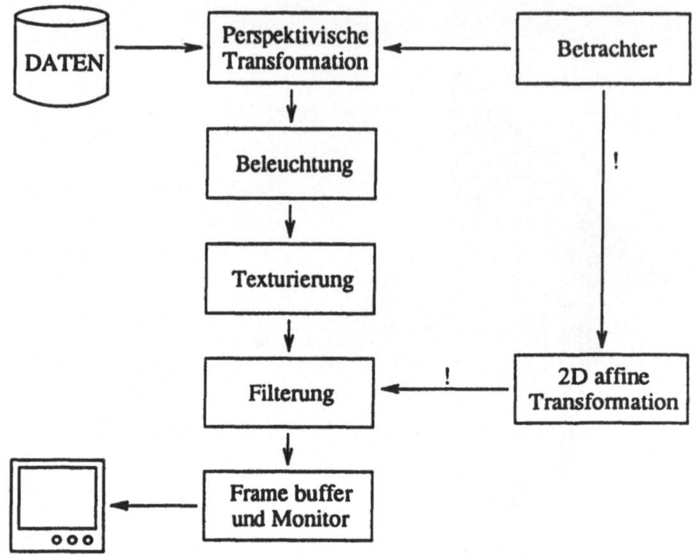

Abb. 3.5. Modifikation einer einfachen Visualisierungs-Pipeline zur Anwendung der nicht-exakten perspektivischen Projektion für die Bewegtbildgenerierung, schematische Darstellung

3.5.1 Beobachterverschiebungen und affine Transformationen im Bild

In vorigen Unterkapiteln wurden ε-invariante Unterräume nach Maßgabe von Verschiebungen ΔE des Augpunktes des Beobachters, bzw. von Objektverschiebungen hergeleitet. Nunmehr soll, in anschaulichen Theater-Termini gesprochen, vom *Aufstellen und Malen von Kulissen* zum *Kulissenschieben* übergegangen werden. So kann man, falls man den visuellen Eindruck einer vorbeiziehenden Landschaft simulieren möchte, wie sie jemandem etwa aus einem fahrenden Zug heraus erscheint, die zu simulierende Szene horizontal unterteilen. Verschiedene Kulissen für verschieden weit entfernte Teile der Landschaft sind zu trennen und verschieden schnell (die "nahen" schneller, die "entfernten" langsamer) gegeneinander zu verschieben. Ein klassisches Beispiel, welches aus einem Films von F. Fellini stammt, findet man in [Hofm88].

Die mathematische Fragestellung ist: Wie ist eine Szene zu unterteilen, so daß bei geeigneter Bewegung entsprechender Kulissen (Verschieben und/oder Vergrößern) der Beobachter den Eindruck einer korrekten perspektivischen Abbildung einer dreidimensionalen Szene erhält?

Man betrachtet ein Bild I_1 und einen normalisierten Beobachter V_n. Eine Denormalisierung ΔV des Beobachters führt zu einem V_Δ und einem geänderten Bild I_2:

$$V_n \xrightarrow{\Delta V} V_\Delta$$

$$(V_n, I_1) \xrightarrow{\Delta V} (V_\Delta, I_2)$$

Es werde alsdann eine affine Transformation T auf das Bild I_2 angewendet.

$$(V_\Delta, I_2) \xrightarrow{T} (V_\Delta, T(I_2))$$

Bei der Berechnung der Unterräume der Art ε $[(V_1, I_1), (V_2, T(I_2))]$ unterscheidet man zweckmäßigerweise die beiden Fälle $(\Delta x, \Delta y)$ und (Δz) einer Beobachterverschiebung.

3.5.2 Verschiebungen Δx, Δy des Beobachters und Translationen T_t des Bildes I

Der Beobachter wird orthogonal zur Blickrichtung verschoben, und die Kulisse (oder Teile der Kulisse) wird transliert. Man kann nach dem richtigen Betrag der Verschiebung fragen.

Sei $-\Delta x$ eine Denormalisierung des Beobachters:

$$V_n \xrightarrow{-\Delta x} V_{-\Delta x} \quad .$$

Man betrachtet einen Punkt $P_1(x, y, z) \in R^3$ welcher nach der Wieder-Normalisierung des Beobachters zu $P_2(x+\Delta x, y, z)$ wird, womit die Äquivalenz von Objekt- und Beobachterverschiebung direkt evident ist. Die perspektivische Projektion der beiden Punkte P_1 und P_2 auf das Bild I,

$$\tau(P_1) = \left[k\frac{x}{z}, k\frac{y}{z}, 1 \right] \quad \text{und} \quad \tau(P_2) = \left[k\frac{x+\Delta x}{z}, k\frac{y}{z}, 1 \right] \quad ,$$

läßt erkennen, daß die perspektivische Projektion von $\tau(P_2)$ einer einfachen Verschiebung von $\tau(P_1)$ um den Translationsvektor t

$$t = k\frac{x + \Delta x}{z} - k\frac{x}{z} = k\frac{\Delta x}{z} \qquad (*)$$

im Bild I gleichkommt.

Man kann nach Punkten in der Nachbarschaft von P_1 (bzw. P_2) fragen, welche sich so "ähnlich" wie diese P_i verhalten. Mit dem Ausdruck

$$\varepsilon \ [(V_n, I_1), (V_{-\Delta x}, T_{t = k\frac{\Delta x}{z_0}} (I_1))]$$

wird der solchen Nachbarschaften entsprechende ε-invariante Unterraum bezeichnet. Die perspektivische Projektion dieses Unterraums innerhalb von I ist derart, daß sie, um den Betrag t verschoben, "fast" einer echten neuerlichen perspektivischen Projektion nach der Verschiebung $-\Delta x$ des Beobachters gleicht.

Resultat 3.5:

$$\varepsilon\,[(V_n,\,I_1),\,(V_{-\Delta x},\,T_{t\,=\,k\frac{\Delta x}{z_0}}(I_1))] \;=\; \left\{\,(x,\,y,\,z)\,\in\,R^3 \;\middle|\; z_0 \,\leq\, z \,\leq\, z_0 + W \,\right\},$$

wobei

$$W \;=\; \frac{z_0^2}{\max\left[\,\delta,\,\dfrac{k}{\varepsilon}\,\Delta x - z_0\,\right]}$$

und kleinem δ größer 0 : $(0{<}\delta) \in R^1$.

Herleitung:

Mit obiger Gleichung (*) wurde der Translationsvektor, als Differenz zwischen $\tau(P_2)$ und $\tau(P_1)$, bestimmt zu

$$t \;=\; k\frac{\Delta x}{z_0} \quad .$$

Sei nun z_0 die untere Grenze eines Streifens im R^3. Sei ferner $(z_0 + W)$ die obere Grenze dieses Streifens und sei

$$t' \;=\; k\frac{\Delta x}{z_0 + W}$$

der korrespondierende Translationsvektor. Falls dann $(t{-}t' = \varepsilon)$ gilt, so ist dieser Streifen der ε-invariante Unterraum des Resultats 3.5.

Man setzt also

$$t - t' \;=\; k\frac{\Delta x}{z_0} - k\frac{\Delta x}{z_0 + W} \;=\; \varepsilon$$

und multipliziert:

$$\frac{z_0\,\Delta x + \Delta x\,W - z_0\,\Delta x}{z_0^2 + z_0\,W} \;=\; \frac{\varepsilon}{k} \quad .$$

Weiterhin gelte:

$$W\Delta x \;=\; \frac{\varepsilon}{k}\,z_0^2 + \frac{\varepsilon}{k}\,z_0\,W$$

$$W\left[\Delta x - \frac{\varepsilon}{k}\,z_0\right] \;=\; \frac{\varepsilon}{k}\,z_0^2 \quad ,$$

so daß direkt

$$W \;=\; \frac{\dfrac{\varepsilon}{k}\,z_0^2}{\Delta x - \dfrac{\varepsilon}{k}\,z_0} \;=\; \frac{z_0^2}{\dfrac{k}{\varepsilon}\,\Delta x - z_0}$$

folgt.

Man kann ein Korollar angeben.

Korollar:

$$\varepsilon\left[(V_n, I_1), (V_{-\Delta y}, T_{t=k\frac{\Delta y}{z_0}}(I_1))\right] = \left\{(x, y, z) \in R^3 \;\middle|\; z_0 \leq z \leq z_0 + W\right\},$$

wobei

$$W = \frac{z_0^2}{\max\left[\delta, \; \frac{k}{\varepsilon}\Delta y - z_0\right]}$$

und kleinem δ größer $0 : (0 < \delta) \in R^1$.

Herleitung:
Triviale textuelle Substitution von Δx durch Δy in Resultat 3.5.

Das Resultat 3.5 und das Korollar setzen zum normalisierten Beobachter V_n eine Unterteilung des Raumes in Streifen in Beziehung. Diese Streifen sind durch Ebenen konstanter z-Werte bei z_0 und $z_0 + W$ begrenzt. Falls sich ein Objekt der Breite W innerhalb dieser Streifen befindet, und der Beobachter um einen Betrag $-\Delta x$ oder $-\Delta y$ bewegt wird, kann die neue perspektivische Ansicht von Teilszenen durch eine einfache Translation in der Bildebene berechnet werden.

Der Grenzfall, in welchem W positiv unendlich groß wird, falls sich z_0 der Größe $\frac{k}{\varepsilon}\Delta x$ nähert, entspricht Resultat 3.2, wonach $\frac{k}{\varepsilon}\Delta x$ gerade die obere Grenze des $\varepsilon\left[(V_n, I_1), (V_{-\Delta x}, I_2)\right]$ ist.

Die typische Unterteilung des R^3 durch Streifen nach Maßgabe von Resultat 3.5 zeigt die Abb. 3.6. Das Wachsen der Größe W bis zu positiv unendlich als eine Funktion des z_0 zeigt die Abb. 3.7.

3.5.3 Verschiebungen Δz des Betrachters und Skalierungen Z_m im Bild I

Falls sich der Beobachter kollinear zur Blickrichtung "in die Szene hinein" bewegt, ist die Kulisse (oder sind Teile derselben) zu skalieren. Verschiedene Teile der Kulisse werden dabei mit unterschiedlichen Faktoren zu skalieren sein. Wie im vorigen Unterkapitel, so soll auch hier nach der Art der Unterteilungen des Raumes in einzelne Kulissen gefragt werden. Es trete eine Denormalisierung $-\Delta z$ des Betrachters auf:

$$V_n \xrightarrow{-\Delta z} V_{-\Delta z} \quad .$$

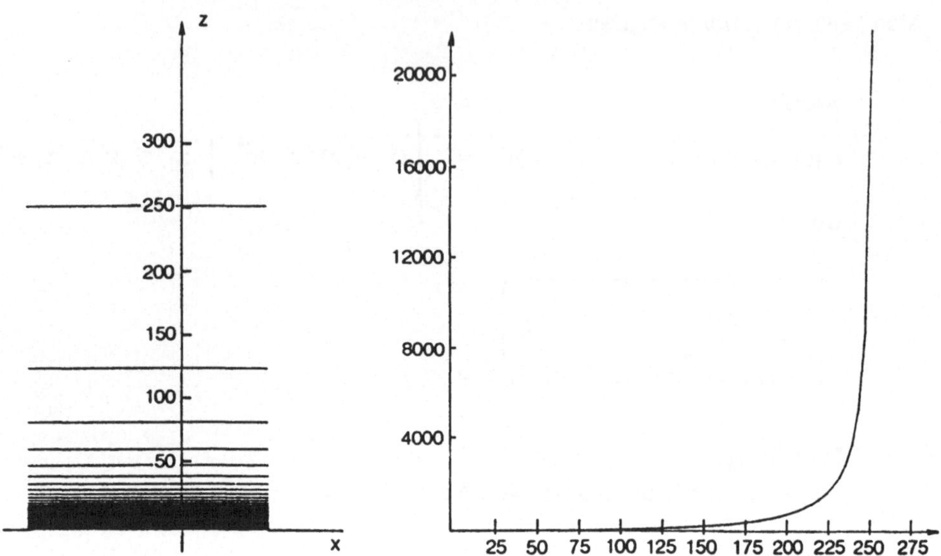

Abb. 3.6. Links: Eine typische Unterteilung des R^3 in Unterräume ε [(V_n, I_1), $(V_{-\Delta x}, T_t(I_1))$] gemäß Resultat 3.5. Rechts: Die Breite der Streifen W gemäß Resultat 3.5 als Funktion $W = f(z_0)$ des Abstands z_0 zum Beobachter

Ein Punkt $P_1(x, y, z) \in R^3$ wird daher nach einer Renormalisierung des Betrachters zu: $P_2(x, y, z+\Delta z)$. Das perspektivische Bild dieser beiden Punkte in der Bildebene ist:

$$\tau(P_1) = \left[k\frac{x}{z}, k\frac{y}{z}, 1\right] \quad \text{und} \quad \tau(P_2) = \left[k\frac{x}{z+\Delta z}, k\frac{y}{z}, 1\right] .$$

Die perspektivische Abbildung $\tau(P_2)$ hätte auch durch eine einfache Skalierung von $\tau(P_1)$ um den Faktor

$$m = \frac{k\dfrac{x}{z+\Delta z}}{k\dfrac{x}{z}} = \frac{z}{z+\Delta z} \qquad (**)$$

erreicht werden können.

Welche Punkte in der Nachbarschaft von P_1 (bzw. von P_2) verhalten sich nun so "ähnlich", daß ihre perspektivische Projektion durch eine Skalierung angenähert werden kann? Mit dem Ausdruck

$$\varepsilon \ [(V_n, I_1), (V_{-\Delta z}, Z_{m = \frac{z}{z+\Delta z}} (I_1))]$$

wird ein entsprechender ε-invarianter Unterraum bezeichnet. Man beachte, daß bislang der Fehler ε eine absolute Größe (ein absoluter Positionierungsfehler im Bild) war, hier bezeichnet ε die Toleranz eines Skalierungs-Faktors. Daher ist der absolute Positionierungsfehler im Bild mit ($\varepsilon \times$ "Größe des Bildes") anzusetzen.

Resultat 3.6:

$$\varepsilon\,[(V_n,\, I_1),\, (V_{-\Delta x},\, Z_{m=\frac{z}{z+\Delta z}}(I_1))] \;=\; \left\{ (x,\, y,\, z)\, \in\, R^3 \;\Big|\; z_0 \leq z \leq z_0 + W \right\}$$

wobei:

$$W \;=\; \frac{-\,\varepsilon\,(z_0 + \Delta z)^2}{\max\left[\,\delta,\; \Delta z - \varepsilon\,(z_0 + \Delta z)\,\right]}$$

und kleinem δ größer $0 : (0<\delta) \in R^1$.

Herleitung: Mit obigem Term (**) wurde der Skalierungsfaktor von $\tau(P_1)$ zu $\tau(P_2)$ mit

$$m \;=\; \frac{\Delta z}{z + \Delta z}$$

bestimmt. Sei nun z_0 die untere Grenze eines Streifens im R^3; sei $z_0 + W$ die obere Grenze und sei

$$m' \;=\; \frac{\Delta z + W}{z + W + \Delta z} \quad .$$

der zu diesem Streifen gehörende Skalierungsfaktor. Falls dann $(m-m' = \varepsilon)$ gilt, so ist dieser Streifen der gesuchte ε-invariante Unterraum gemäß Resultat 3.6.

Daher gilt weiter

$$m - m' \;=\; \frac{z_0}{z_0 + \Delta z} \;-\; \frac{z_0 + W}{z_0 + W + \Delta z} \;=\; \varepsilon$$

und durch Multiplikation:

$$\frac{-\,W + \Delta z}{(z_0 + \Delta z)^2 \;+\; W\,(z_0 + \Delta z)} \;=\; \varepsilon \quad .$$

Sowie:

$$0 \;=\; W\,\Delta z \;+\; \varepsilon\,(z_0 + \Delta z)^2 \;+\; \varepsilon\,W\,(z_0 \;+\; \Delta z)$$

und damit:

$$W \;=\; \frac{-\,\varepsilon\,(z_0 + \Delta z)^2}{\Delta z - \varepsilon\,(z_0 + \Delta z)} \quad .$$

Eine Unterteilung des R^3 in Streifen gemäß Resultat 3.6 ist der Unterteilung gemäß Resultat 3.5, welche in Abb. 3.6 dargestellt ist, visuell sehr ähnlich; von einer Illustration des Resultats 3.6 kann man daher absehen.

3.6 Erprobung der nicht-exakten perspektivischen Projektion

Eine praktische Erprobung der Resultate 3.2 bis 3.6 für die Generierung von Bewegtbildern wurde im Rahmen einer vom Autor betreuten studentischen Arbeit von M. Siems [Siem89] vorgenommen. Siems erprobte das Kalkül der nicht-exakten perspektivischen Projektion an fünf Szenen, dabei wurde von folgenden Vorgaben ausgegangen:

(1) Die Fehlertoleranz ε wurde zu $\varepsilon = 0,01$ gewählt. Die Toleranz wird relativ zur endlichen Bildebene I'

$$I' = \left\{ (x,y,z) \in R^3 \ \middle|\ z{=}1 \ \text{ und } \ {-}1{\leq}x{\leq}1 \ \text{ und } \ {-}1{\leq}y{\leq}1 \right\}$$

gemessen, welche 4 Flächeneinheiten umfasst. Die Toleranz von $\varepsilon = 0,01$ entspricht, z. B. bei einem Fernsehbild mit 576 sichtbaren Zeilen, ca. 1 "Pixel".

(2) In jeder Szene gab es 6 Objekte (polygonal approximierte Kugeln mit einem Durchmesser von 10 Einheiten), welche jeweils aus 900 Polygonen modelliert waren.

(3) Jede errechnete Bewegtbildsequenz bestand aus 24 Einzelbildern.

Die Rechenzeiterspamis wurde bestimmt, indem die verbrauchte Rechenzeit nach der Methode der nicht-exakten perspektivischen Projektion durch die verbrauchte Rechenzeit nach traditioneller Berechnungsmethode dividiert wurde. Die Rechenzeit T_{ges} nach traditioneller Methode ist bestimmt mit

$$T_{ges} = m \times n \times T_{obj} \quad ,$$

wobei

m : Anzahl der Einzelbilder; hier: m = 24,
n : Anzahl der Objekte; hier: n = 6,
T_{obj} : Rechenzeit für das Rendering eines einzelnen Objekts.

Der Wert T_{obj} wurde von Siems als Erfahrungswert gewonnen: dies ist die Zeit, die das Programm "scn_asmblr" der Fraunhofer-Arbeitsgruppe für Graphische Datenverarbeitung auf einer DIGITAL µVAX II benötigte, um eines der kugelförmigen Objekte zu rendern. Die Einsparungen an Rechenzeit als Verhältnis zwischen T_{ges} und T_{neu}, der Rechenzeit nach der Methode der nicht-exakten perspektivischen Projektion

$$T_{neu} = (\,(\,m{\times}n\,) - n_{npp}\,) \times T_{obj} + T_{npp} \quad ,$$

hierbei ist T_{npp} die Rechenzeit, welche vom von Siems erstellten Auswerteprogramm für das Kalkül der nicht-exakten perspektivischen Projektion verbraucht wird, und n_{npp} ist die Anzahl der nicht neu zu berechnenden Objekte. Der Wert T_{obj} wird nach Maßgabe der Weiterentwicklung der Rechnerhardware einer ständigen Verkleinerung unterworfen sein; T_{obj} und der Overhead der nicht-exakten perspektivischen Projektion

T_{npp} werden sich nicht genau proportional verringern, daher werden die Raten der Rechenzeitersparnis etwas geringer werden.

In den Beispielen werden Kamerafahrten (Beobachteränderungen) ausgewählt, anhand derer die jeweiligen Rechenzeitersparnisse aufgezeigt werden. Diese Beispiele sind im Detail im **Anhang A** angegeben. Faßt man die für die betrachteten Beispiele erzielten Einsparungen an Rechenzeit in einer Liste zusammen, so ergibt sich [Siem88]:

Beispiel 1: Einsparung 36%,
Beispiel 2: Einsparung 84%,
Beispiel 3: Einsparung 36%,
Beispiel 4: Einsparung 62%, und
Beispiel 5: Einsparung 51%.

Die erzielten Einsparungen sind bemerkenswert hoch, gleichwohl schwankend. Diese Schwankungen erklären sich aus dem Umstand, daß die Einsparungen hochgradig von den konkreten Fällen der Kamerafahrt, respektive der Objektbewegung, abhängen. Man muß ferner beachten, daß bei komplexeren Szenen T_{npp} ansteigt, und die Rechenzeitersparnis abnimmt. Im Gegenzug, bei komplizierteren Rendering-Algorithmen und komplexeren Objekten wird T_{obj} größer, und die Einsparung an Rechenzeit steigt an.

Man kann aufgrund der experimentellen quantitativen Ergebnisse zusammenfassend feststellen, daß das entwickelte Kalkül ein großes Potential an Rechenzeiteinsparungen für die Bewegtbildgenerierung darstellt.

4 Zum Rendering nicht-planer Polygonzüge

Die meßtechnische Erfassung von Geometriedaten (Polygonzügen), wie sie in Kapitel 2 für die Szenenmodellierung als Grundlage einer naturalistischen Computergraphik postuliert wird, wird im allgemeinen keine ideal-planen Polygonzüge zum Ergebnis haben. Wie in Kapitel 4.1 dargelegt wird, erfordert die Ersetzung von polygonalen Oberflächen (das sind polygonal begrenzte Objekte oder Teilszenen) durch photographische Komponenten ein Verfahren, welches die geometrische Abbildung (engl.: *mapping*) der - planen - photographischen Komponente auf das - nicht-plane - Polygon leistet. Nach Maßgabe vorgegebener Anforderungen an die Bildqualität kann das Mapping-Verfahren als approximatives Verfahren ausgelegt werden. In Kapitel 4.2 werden verschiedene Verfahren hergeleitet, und in bezug auf die erreichte Bildqualität verglichen. Das Hauptproblem für das Rendering nicht-planer Polygonzüge besteht in der Entwicklung eines Verfahrens, welches ein meßtechnisch erfaßtes Polygon perspektivisch transformieren, und eine, mit den in Anhang B angegebenen Hilfsverfahren zugeordnete, photographische Komponente "richtig" in den Polygonzug einfügen kann. Kapitel 4.3 gibt ein Beleuchtungsmodell für nicht-plane Polygone an; in Kapitel 4.4 werden die hergeleiteten Mapping-Verfahren bewertet.

4.1 Die Kombination nicht-planer Polygonzüge und photographischer Komponenten als Basis eines Rendering-Verfahrens

Die traditionelle computergraphische Methode zur Darstellung gekrümmter Flächen mit Hilfe von Liniengraphiken stützt sich auf die Visualisierung einer Vielzahl von Linien, welche innerhalb der darzustellenden Fläche liegen. Die Linien sind meist als reguläres, äquidistantes Netz über der Fläche verteilt. Ein Beispiel für diese allgemein - u. a. in [EnSt86; FDFH90; HoLa89] - verwendete Methode gibt die Darstellung in Abb. 4.1.

Die Visualisierung von gekrümmten Flächen als Liniendarstellungen stützt sich auf die Tatsache, daß für die subjektive Rezeption des Bildes die eigentliche *Fläche* fast irrelevant ist. Der Betrachter einer Darstellung ist in der Lage, anhand der dargestellten Linien und Kanten zu erkennen, welche Fläche "gemeint" ist. Dieser Effekt bei der Rezeption kontur-orientierter, bildlicher Darstellungen ist wahrnehmungspsychologischer Natur und Gegenstand breiter Untersuchungen, z. B. der Arbeiten von E. Gombrich [Gomb84; Gomb86], zur gegenständlichen bildenden Kunst. Die Technik konturorientierter Darstellungen wird in der klassischen Zeichentechnik umfangreich genutzt, die Zeichnung in Abb. 4.2 gibt ein Beispiel. Die Zeichnung des Matterhorns in Abb. 4.2 kommt mit einfachen Darstellungsmitteln aus; es sind die Konturen der im räumlichen nicht-planen Polygonzüge der Bergoberfläche und eine einfache Texturierung (Schraffur) dargestellt. Obwohl diese Ansicht des Matterhorns sehr bekannt

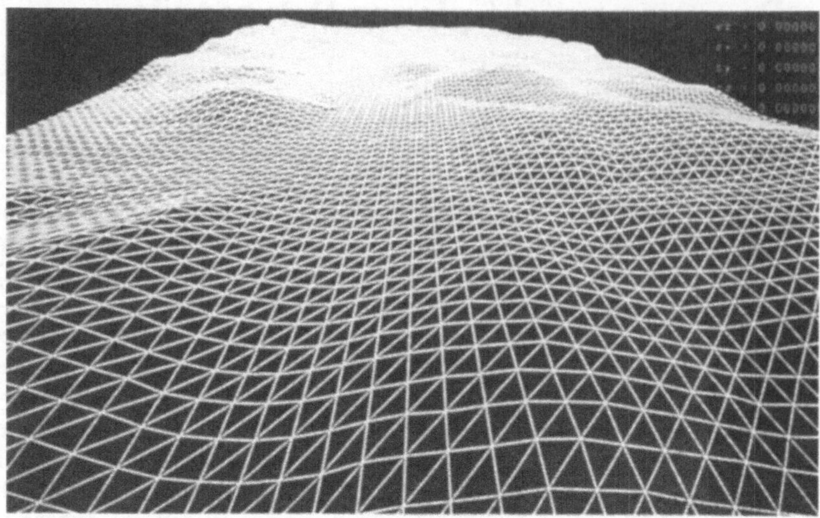

Abb. 4.1. Computergraphische zentralperspektivische Visualisierung der gekrümmten Oberfläche einer Landschaft durch äquidistante Linien in polygonaler Approximation. (Aus [EnHo89])

ist, und dies die Wiedererkennbarkeit des im Bild dargestellten Objekts beeinflußt, hat die Zeichnung per se eine hohe Naturtreue. Die in der Matterhorn-Zeichnung angewandten Techniken können teilweise auf die computergraphische Bildgenerierung übertragen werden.

Die mittels einer Vermessung gewonnenen Geometrie-Daten von natürlichen Objekten sind nicht-plane *Polygonzüge*. Es werden nicht die *Oberflächen*, sondern die *Kanten* (Konturen) als Verbindungsgeraden zwischen einzelnen Punkten der Objekte vermessen. Falls die vermessenen Objekte nicht nur in Form einfacher Liniendarstellung (als Drahtmodell) visualisiert werden sollen, wären für die Bildgenerierung Flächenmodelle, und mithin die Definition einer Fläche in einem nicht-planen Polygonzug, vonnöten. Die nachträgliche Definition einer Fläche zu einem gegebenen Polygonzug kann z. B. als Fläche mit der geringsten inneren Spannung (sogenannten Minimalflächen), wie sie z. B. zwischen beliebig gebogenen Drahtringen aufgespannte Seifenblasen bilden, oder über andere Glattheitskriterien [HoLa89, S. 409ff.], erfolgen. Eine solche Flächenkonstruktion, welche notwendigerweise zu einer Erhöhung des Rechenaufwandes für die Bildgenerierung führt, wird für die Erzeugung naturalistischer Computergraphiken nach Maßgabe der nicht-exakten perspektivischen Projektion als nicht notwendig erachtet. Außer der perspektivisch richtigen Darstellung der "Fläche" des nicht-planen Polygons werden keine weiteren mathematischen Größen der Fläche für die Visualisierung verarbeitet (- außer dem Normalenvektor für ein einfaches Schattierungsverfahren, siehe Abschnitt 4.6, unten). Dies geschieht im Gegensatz zu

Abb. 4.2. E. Whymper: Das Matterhorn von Nordosten. (Aus [Wh1871])

Verfahren wie der Reflexionslinien- oder Isolinien-Visualisierung, welche als Glatt-heitstest für Flächen verwendet werden [HoLa89, S. 412-418].

Für die Generierung naturalistischer Computergraphiken genügt es, die Kanten der in der Realität gemessenen nicht-planen Polygone perspektivisch zu transformieren, und photographische Komponenten in dieselben mittels eines Mapping-Verfahrens einzupassen.

Das Mapping-Verfahren muß die folgende Aufgabe lösen. Gegeben sei ein im R^3 definiertes Polygon **P**:

$$\mathbf{P} = (P_1, P_2, \cdots, P_n) \qquad \text{mit:} \quad P_i \in R^3$$

In der photographischen Komponente ist im R^2 ein Polygonzug **S**

$$\mathbf{S} = (S_1, S_2, \cdots, S_n) \qquad \text{mit:} \quad S_i \in R^2$$

gegeben. Ferner ist mit dem in Anhang B angegebenen Hilfsverfahren 1 eine punkt-paarweise Korrespondenz von **P** mit **S** bestimmt

$$(\mathbf{S}, \mathbf{P}) = \left[(P_1,S_1), (P_2,S_2), \cdots, (P_n,S_n) \right] \; ,$$

welche polygon- und textur-spezifisch ist. Das Mapping-Verfahren muß unter Berück-sichtigung der Korrespondenz (**S**, **P**) das Polygon mitsamt seiner photographischen Komponente perspektivisch in die Bildebene I' abbilden.

Neben dieser allgemeinen Aufgabenstellung muß das Mapping-Verfahren für das Aufbringen von photographischen Komponenten auf nicht-plane Polygone fünf weiteren - plausiblen - Randbedingungen genügen; diese Forderungen (i) bis (v) sind:

(i)   Das Verfahren für nicht-plane Polygone muß den Grenzfall des "normalen", planen Polygons so behandeln, wie dies bei bekannten, auf planen Polygonen arbeitenden Verfahren der Fall ist.

(ii)   Das Verfahren darf keine Sprünge (Unstetigkeiten nullter Ordnung), oder "Löcher", in der aufgebrachten photographischen Komponente auftreten lassen.

(iii)   Die aufgebrachte photographische Komponente muß stationär sein, d. h. sie darf ihre Lage auf dem Polygon relativ zu den Polygonkanten nicht durch Änderung der Perspektive, respektive durch eine Transformation des Polygons im Raum, ändern.

(iv)   Das Mapping-Verfahren muß die Kanten der Polygone (P_i, P_{i+1}) genau auf die Kanten in der photographischen Komponente (S_i, S_{i+1}) abbilden.

(v)   Das Verfahren muß scanline-orientiert sein. Der Rechenaufwand muß proportional der Anzahl der Pixel im Bild sein.

Die in diesem Kapitel behandelten Verfahren zur Einfügung und perspektivischen Darstellung photographischer Komponenten in nicht-plane Polygone weisen eine Ähnlichkeit mit den traditionellen Texture-Mapping-Verfahren der Graphischen Datenverarbeitung auf. Der Einsatz von Texturen ist eine approximative Technik, welche hauptsächlich zur Modellierung von Objektoberflächen eingesetzt wird. "Texture mapping is a relatively efficient means to create the appearance of complexity without the tedium of modeling and rendering every 3-D detail of a surface", schreibt Heckbert [Heck86] zum Einsatz von Texturen, wobei die Vermeidung von Modellierungsaufwand die Absicht ist, welche auch hinter dem Ansatz zur Verwendung photographischer Komponenten steht. Schon in den ersten Arbeiten zum Texture-Mapping [Catm74; BlNc76; Blin78] wurden digitalisierte Photographien als Texturquellen (engl.: *texture source images*) zur Simulation und Darstellung von Mikrostrukturen auf Objektoberflächen eingesetzt.

Für das Texture-Mapping - und für das Einfügen photographischer Komponenten in nicht-plane Polygone - sind zwei verschiedene, klar trennbare, Probleme zu lösen (welche allerdings in den meisten Arbeiten zum Texture-Mapping zusammen und vermischt behandelt werden):

(1)   Die Definition der eigentlichen geometrischen Abbildungsvorschrift der Texturquelle in die Bildebene (engl.: *mapping*).

(2)   Die Definition der Wiederabtastung und Filterung der Texturquelle zur Darstellung in der Bildebene (engl.: *resampling, sample rate conversion*).

Zu (1): Die geometrische Abbildung der Textur in die Bildebene kann man so
beschreiben [Heck86]: "The techniques of texture mapping are essentially the same in
all cases. (...) The source image (texture) is mapped onto a surface in 3-D object
space which is then mapped to the destination image (screen) by the viewing projection." Es existieren hierzu zwei Verfahren, das Inverse-Mapping und das Forward-
Mapping.

Das gebräuchlichere Verfahren der Abbildung der Textur in die Bildebene ist das
sogenannte Inverse-Mapping, z. B. in [Catm74; GaPC87] beschrieben. Bei diesen
Verfahren wird das zu berechnende Bild in Reihenfolge der Scanlines zeilenweise
abgetastet, die "hinter den Pixeln" liegenden Objekte durch Rückprojektion bestimmt,
die zugehörigen Texturkoordinaten errechnet, und auf die gespeicherte Texturquelle in
Random-Access-Technik zugegriffen, um den Farbwert der Texturquelle (das "Texel")
dem aktuellen Pixel im Bild zuzuordnen.

Das Forward-Mapping-Verfahren bildet die Texturquelle direkt in das zu
berechnende Bild ab [CaSm80; GhPe90; Smit87]; das Verfahren ist dann anzuwenden,
wenn ein sequentieller, zeilenweiser Zugriff auf die Texturquelle unumgänglich ist,
und auf das zu errechnende Bild in Random-Access-Technik zugegriffen werden
kann. In dieser Arbeit ist das Hauptproblem des Renderings die geometrische Abbildung (Mapping) der photographischen Komponenten auf die nicht-planen
Polygonzüge. Darum behandelt das vorliegende Kapitel die geometrische Herleitung
von Mapping-Verfahren.

Zu (2): Die mathematisch-geometrische Beschreibung der Abbildungsvorschrift
(Mapping) der Textur in die Bildebene kann idealisierend als eine Abbildung von
einer kontinuierlichen Ebene in eine andere kontinuierliche Ebene beschrieben werden.
Realiter sind sowohl die Texturquelle A als auch die Bildebene A′ diskrete Bilder,
eine Abbildung zwischen beiden bedeutet eine Wiederabtastung, welche nur approximativ erfolgen kann. "In order to compute a single element of A′, theoretically all ele-
ments of A should be used. In image-processing applications, however, A is generally
a large number and the exact calculation of A′ has to be rejected in order to avoid
problems of numerical stability and cost." führt Stucki [Stuc79] aus. In dieser Arbeit
werden verschiedene Approximationen der Wiederabtastung dargelegt, welche in anderen, späteren Arbeiten zum Texture-Mapping ebenfalls aufgegriffen werden, z. B. in
[Crow84; Glas86; GhPe90], sowie, summarisch, in [FDFH90, S. 822ff.]. Weiter-
gehende Überlegungen [Cook86] zum Resampling mit Hilfe nicht-regulärer Gitter
(engl.: *stochastic sampling*) sind für die vorliegende Arbeit ohne weitere Bedeutung.
Die Arbeiten von [Crow84] und [Will83] beschreiben Verfahren ("Summed-Area-

Table-Verfahren", bzw. "Mip-Map-Verfahren"), welche beide in [Stuc79] als "First-Order or Linear-Interpolation" bezeichnet werden. Bei diesen Verfahren werden die Pixel-Werte von A′ als gewichtete Summen derjenigen Texel-Werte von A berechnet, auf welche die Pixel von A nach Maßgabe des Inverse-Mapping-Verfahrens abgebildet werden. Die Arbeiten von Crow und Williams unterscheiden sich kaum im eigentlichen Filtering, vielmehr in der Art der Speicherorganisation und des Zugriffs auf die Texturquelle. Die relativ einfache Methode nach Crow hat sich für die Problemstellungen der vorliegenden Arbeit in bezug auf die zu erzielende Bildqualität als hinreichend erwiesen; von weitergehenden Untersuchungen konnte daher abgesehen werden; im vorliegenden Kapitel wird daher kein Filtering-Verfahren behandelt oder neu entwickelt. Die Beispielbilder in Kapitel 5 und in Anhang D sind mit dem Verfahren nach [Crow84] berechnet worden.

Unter Texture-Mapping wird nicht nur die Beschreibung einer Objektoberfläche durch ein Bild verstanden (engl.: *2D surface color mapping*). Texture-Mapping beinhaltet die allgemeine, ikonisch gesteuerte Alteration von Beleuchtungsmodell-Parametern (Zusammenfassung z. B. in [Hall85; Heck86]), sowie die dreidimensionale Texturierung von Objekten (engl.: *solid texturing*) [Peac85; PeHo89]. Diese Techniken sind für die vorliegende Arbeit ohne weitere Bedeutung.

Es sind kaum Arbeiten bekannt, welche das spezielle, fast marginale, Problem des Einfügens photographischer Komponenten in nicht-plane Polygone adressieren. In einer Vorarbeit des Autors [Hofm89] wird das Problem diskutiert, in einer vom Autor betreuten studentischen Arbeit von St. Müller [Müll89] werden entsprechende geometrische Algorithmen entwickelt und erprobt; die Versuche zum Mapping werden mit Resampling nullter Ordnung, Nearest Neighborhood [Stuc79] als Filterverfahren durchgeführt. Der Arbeit [Müll89] sind einige modifizierte Abbildungen zu diesem Kapitel entnommen. Andere bekannte Arbeiten zum Texture-Mapping, z. B. [BiSl86; SaSW86; MaLi88], beschäftigen sich durchweg mit der Frage, wie plane Texturen auf gekrümmte, analytisch beschriebene Flächen im Raum aufgebracht werden können, und die dabei notwenig auftretende Verzeichnung (engl.: *distortion*) der planen Textur minimiert werden kann. - In der vorliegenden Arbeit wird auf eine Definition einer Polygonfläche im Objektraum jedoch gänzlich verzichtet.

Es werden vier Verfahren - bezeichnet mit "Verfahren I" bis "Verfahren IV" des Inverse-Mappings für das Einfügen photographischer Komponenten in nicht-plane Polygonzüge beschrieben.

Verfahren I: "Einfache lineare Interpolation"
Das Verfahren arbeitet in der Bildebene, unabhängig von der Korrespondenz (S, P) im Objektraum. Die photographische Komponente wird direkt in den bereits perspektivisch transformierten Polygonzug, über die Kanten von (S, τ(P)) linear interpolierend, eingefügt.

Verfahren II: "Zeilenweise perspektivische Rückprojektion"
Das Verfahren, welches weitgehend dem traditionellen Inverse-Mapping für plane Polygone [GaPc87] entspricht, arbeitet im Objektraum. Das Polygon **P** wird durch eine Ebene approximiert, welche durch zwei seiner Kanten - willkürlich - festgelegt ist.

Verfahren III: "Kantentreue zeilenweise perspektivische Rückprojektion"
Das Verfahren arbeitet im Objektraum und in der Bildebene. In jeder seperaten Scanline der Bildebene wird innerhalb von $\tau(P)$ - zwischen den Polygonkanten im Objektraum interpolierend - eine räumliche Korrespondenz (S, P) errechnet, und die Texturwerte, dem Abstand vom Beobachter entsprechend, perspektivisch zugeordnet.

Verfahren IV: "Kantentreue zeilen- und spaltenweise perspektivische Rückprojektion"
Das Verfahren arbeitet wie Verfahren III, jedoch wird pro Bildpunkt nicht nur innerhalb jeder Bildzeile (Scanline), sondern auch innerhalb jeder Bildspalte ein Punkt im Objektraum bestimmt. Zwischen den beiden Punkten wird linear im Objektraum gemittelt. Der Mittelwert wird als Abstand vom Beobachter interpretiert, die Texturwerte werden entsprechend perspektivisch zugeordnet.

4.2 Geometrische Herleitung der Mapping-Verfahren I bis IV

4.2.1 Verfahren I: Einfache lineare Interpolation

Die einfache lineare Interpolation paßt die mit S markierte photographische Komponente direkt in den perspektivisch transformierten Polygonzug $\tau(P)$ ein; vergl. Abb. 4.3. Eine Scanline in I′ ist die Menge aller Punkte in I′ mit (y=q=const) .
Es seien zwei Polygonkanten (P_i, P_{i+1}) und (P_j, P_{j+1}) von Punkten $R := P_j$ und $L := P_i$ begrenzt. (Man verwechsle nicht die Punktbezeichnungen L und R - "links" und "rechts" bedeutend - mit der Bezeichnung des Raumes der reellen Zahlen R^1) Für den Schnitt dieser Kanten mit einer Scanline ergeben sich die Schnittpunkte

$$A = (pl, q) = L + \lambda \Delta L \quad \text{und} \quad B = (pr, q) = R + \mu \Delta R$$

sowie $\Delta A = B - A$ und $\lambda, \mu \in R^1$.
Die horizontalen bzw. vertikalen λ und μ der linken und rechten Polygonkanten sind für eine Scanline konstant und berechnen sich zu

$$\lambda = \begin{cases} \dfrac{q - y_L}{y_{\Delta L}} & \text{für } |y_{\Delta L}| > \delta \\[2mm] \dfrac{pl - x_L}{x_{\Delta L}} & \text{sonst} \end{cases}$$

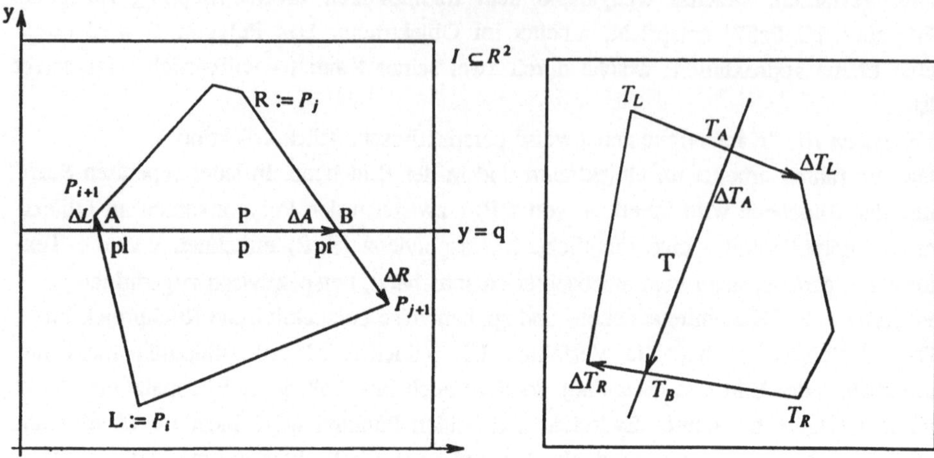

Abb. 4.3. Verfahren I: Bezeichnungen und Koordinatensysteme zum perspektivisch transformierten Polygon $\tau(\vec{P})$ in der Bildebene I′ (links), und der in dieses Polygon einzufügenden photographischen Komponente (rechts)

beziehungsweise

$$\mu = \begin{cases} \dfrac{q - y_R}{y_{\Delta R}} & \text{für } |y_{\Delta R}| > \delta \\[2ex] \dfrac{pr - x_R}{x_{\Delta R}} & \text{sonst} \end{cases}$$

oder, falls L = R gilt: $\lambda = \mu = 0$. (Kleines $\delta \in R^1$ und $\delta > 0$.)

Für den aktuell betrachteten Punkt der Scanline ergibt sich

$$P = (p, q) = A + \sigma \Delta A \qquad \text{mit:} \qquad \sigma = \frac{p - x_A}{x_{\Delta A}}$$

Wird im Rendering-Prozeß die Scanline in diskreten Schritten, d. h. von Pixel zu Pixel, abgetastet, gelte für ein Nachbarpixel P′ von P: $x_{P'} = x_P + \alpha$, $\quad \alpha \in R^1$

Der zu P′ korrespondierende Wert σ' ergibt sich inkrementell aus

$$\sigma' = \frac{p + \alpha - x_A}{x_{\Delta A}} \text{ und } \sigma' - \sigma = \frac{p + \alpha - x_A}{x_{\Delta A}} - \frac{p - x_A}{x_{\Delta A}} = \alpha \ ,$$

das Inkrement für den Übergang von P zu P′ ist somit direkt $\sigma' = \sigma + \alpha$.

Auf der Ebene der photographischen Komponente $J \subseteq R^2$ sei ein Polygonzug S gegeben, eine Korrespondenz (P, S) ist bestimmt. Es sei (P, S) = ((L, R, ΔL, ΔR), (T_L, T_R, $T_{\Delta L}$, $T_{\Delta R}$)) .

Das Mapping-Verfahren ordnet dem Punkt $P \in I$ den Farbwert des Punktes $T \in J$ der photographischen Komponente zu. Dazu bestimmt das Verfahren die Punkte $T, T_A, T_B, \in J$ mit Hilfe der Werte μ und λ. Es gilt $T_A = T_L + \lambda\Delta T_L$ und $T_B = T_R + \mu\Delta T_R$, sowie $\Delta T_A = T_B - T_A$.

Der zu einem Scanline-Punkt P analoge Punkt T der photographischen Komponente ergibt sich zu $T = T_A + \sigma\Delta T_A$.

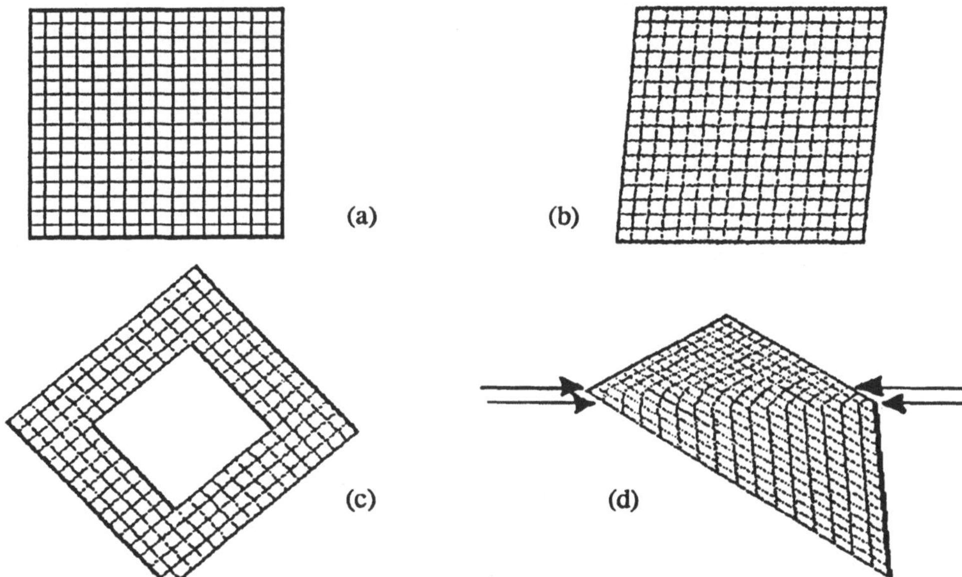

Abb. 4.4. Verfahren I: Einfache lineare Interpolation. Verschiedene Polygon-Beispiele in orthogonaler Aufsicht (a) bis (c). Gegenbeispiel (d) eines Polygons in perspektivischer Ansicht mit durch Pfeile markierten groben Unstetigkeitsstellen entlang horizontaler Scanlines

Das Verfahren der einfachen linearen Interpolation ist nicht rechenintensiv; es genügt Forderung (v). Es funktioniert für beliebige Polygone nur dann, wenn $\tau(P)$ nicht durch perspektivische Abbildung entstanden ist, sondern lediglich in der Ebene affin transformiert worden ist; Widerspruch zu Forderung (i).

Ist das Bild des Polygons eine perspektivische Projektion aus dem R^3 in den R^2, so treten entlang der waagrechten Scanlines Unstetigkeitsstellen auf; Widerspruch zu Forderung (ii).

4.2.2 Verfahren II: Zeilenweise perspektivische Rückprojektion

Das Verfahren der zeilenweisen perspektivischen Rückprojektion approximiert das darzustellende Polygon durch eine Ebene $E \in R^3$.

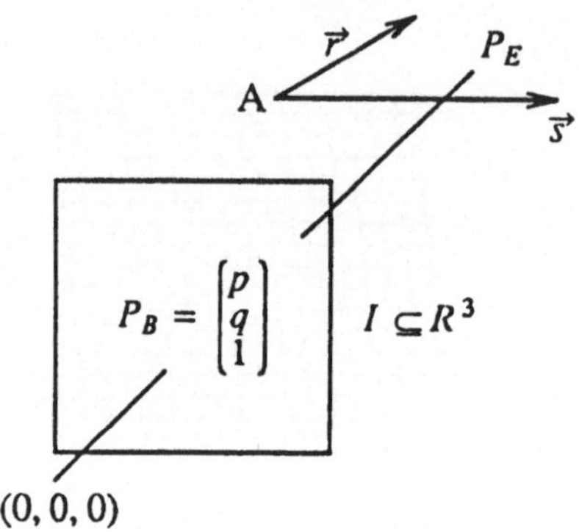

(0, 0, 0)

Abb. 4.5. Verfahren II: Bezeichnungen und Koordinatensysteme zur zeilenweisen perspektivischen Rückprojektion

Die Ebene E ist durch die Menge aller Punkte X gegeben:

$$E \quad : \quad X = A + \rho \vec{r} + \sigma \vec{s}, \quad \text{mit} \quad X, A, \vec{r}, \vec{s} \in R^3 \quad \text{und} \quad \rho, \sigma \in R^1.$$

Gegeben ist ferner ein Punkt $P_B = (p, q, 1)$ auf der Bildebene

$$I = (P \in R^3 \mid P = (x, y, 1)),$$

durch den die Sehgerade $g : X = z(p, q, 1)$ läuft, die die Ebene E im Punkt P_E schneidet.

Gesucht sind die lokalen Koordinaten (ρ, σ) des Punktes T in der Ebene $J \subseteq R^2$ der photographischen Komponente, dessen "Farbwert" dem Punkt P_E zugeordnet werden soll, es gilt

$$T = t_A + \rho \vec{t_r} + \sigma \vec{t_s}, \quad \text{mit} \quad T, t_A, \vec{t_r}, \vec{t_s} \in R^2 \quad .$$

Für die ρ-, σ- und z-Koordinate des Punktes P_E gilt weiter

$$\rho = \frac{D_\rho}{D} \quad , \quad \sigma = \frac{D_\sigma}{D} \quad , \quad z = \frac{D_z}{D} \quad .$$

Ferner gilt, nach Maßgabe des Schnittpunktes der Geraden g mit der Ebene E:

$$D = \begin{vmatrix} p & q & 1 \\ x_s & y_s & z_s \\ x_r & y_r & z_r \end{vmatrix} \qquad D_\rho = \begin{vmatrix} p & q & 1 \\ x_s & y_s & z_s \\ -x_A & -y_A & -z_A \end{vmatrix}$$

$$D_\sigma = \begin{vmatrix} p & q & 1 \\ -x_A & -y_A & -z_A \\ x_r & y_r & z_r \end{vmatrix} \qquad D_z = \begin{vmatrix} x_A & y_A & z_A \\ x_s & y_s & z_s \\ x_r & y_r & z_r \end{vmatrix}$$

Multipliziert man die Determinanten aus, so ergibt sich:

$$D = p\,(y_s z_r - z_s y_r) + q\,(z_s x_r - x_s z_r) + (x_s y_r - y_s x_r)$$

$$D_\rho = p\,(z_s y_A - y_s z_A) + q\,(x_s z_A - z_s x_A) + (y_s x_A - x_s y_A)$$

$$D_\sigma = p\,(z_A y_r - y_A z_r) + q\,(x_A z_r - z_A x_r) + (y_A x_r - x_A y_r)$$

$$D_z = x_A\,(y_s z_r - z_s y_r) + y_A\,(z_s x_r - x_s z_r) + z_A\,(x_s y_r - y_s x_r)$$

Für die gesuchten Koordinaten ρ und σ von P_E erhält man

$$\rho = \frac{p\,(z_s y_A - y_s z_A) + q\,(x_s z_A - z_s x_A) + (y_s x_A - x_s y_A)}{p\,(y_s z_r - z_s y_r) + q\,(z_s x_r - x_s z_r) + (x_s y_r - y_s x_r)}$$

sowie, in verkürzter Schreibweise,

$$\rho = \frac{pU + qV + W}{pK + qS + Q}$$

und

$$\sigma = \frac{p\,(z_A y_r - y_A z_r) + q\,(x_A z_r - z_A x_r) + (y_A x_r - x_A y_r)}{pK + qS + Q}$$

respektive

$$\sigma = \frac{pL + qM + N}{pK + qS + Q}$$

Zur Vereinfachung der Berechnung läßt sich anmerken, daß zum einen die Werte für U, V, W, K, S, Q, L, M und N für ein Polygon (für eine Ebene E) konstant sind. Zum anderen lassen sich durch eine horizontale Inkrementierung von Pixel P zu Pixel P' mit $P = (p, q, 1)$ und $P' = (p+\alpha, q, 1)$ die mit P' korrespondierenden Koordinaten (ρ', σ') aus (ρ, σ) berechnen:

$$\rho' = \rho + \frac{\alpha U}{\alpha K + pR + qS + Q}$$

Es existiert damit ein Inkrement $\sigma \to \sigma'$ für den Übergang $(p, q, 1) \to (p+\alpha, q, 1)$, welches effizient berechenbar ist.

Die zeilenweise perspektivische Rückprojektion funktioniert für alle ebenen Polygone, vergl. Abb. 4.6; dies erfüllt Forderung (i). Bei unebenen, nicht-planen Polygonen kommt es zu groben Abbildungsfehlern, je nachdem, wo man das Basisvektorenpaar zur Bestimmung der Ebene im nicht-planen Polygon plaziert, wie man in Abb. 4.6 (c) und (d), am Beispiel eines dachförmigen, nicht-planen Polygons sieht; dies ist ein Widerspruch zu den Forderungen (ii) und (iv). Diese Fehler machen die normale Rückprojektion nur für ebene Polygone einsetzbar, für das Rendering nicht-planer Polygonzüge ist das Verfahren nur schwerlich zu gebrauchen.

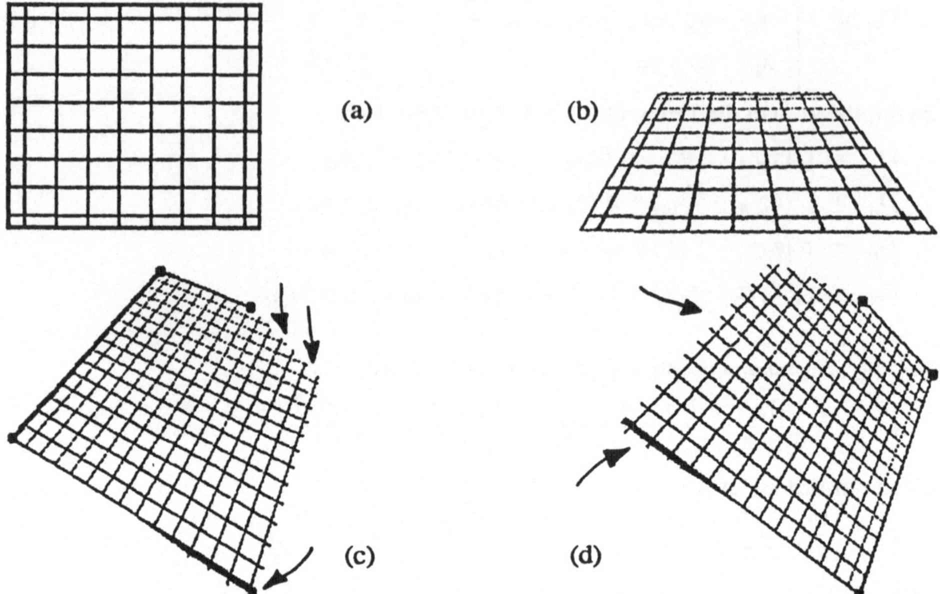

Abb. 4.6. Verfahren II: Zeilenweise perspektivische Rückprojektion. Das - traditionelle - Verfahren [Catm74; GaPC87] funktioniert für ebene Polygone (a) bis (b); nicht aber für nicht-plane Polygone (c) bis (d); Fehler bei der Zuordnung der Kanten sind durch Pfeile markiert

4.2.3 Verfahren III: Kantentreue zeilenweise perspektivische Rückprojektion

Für das Verfahren der kantentreuen zeilenweisen perspektivischen Rückprojektion wird entlang einer Scanline in der Bildschirmebene I' der Schnittpunkt dieser Scanline mit den Kanten des perspektivisch transformierten Polygons $\tau(P)$ berechnet. Diese Schnittpunkte werden auf das Polygon rückprojiziert und die zwischen den rückprojizierten Punkten A und B im Raum R^3 laufende Gerade pro Scanline rekonstruiert; vergl. Abb. 4.7.

Man betrachtet eine Scanline $y=q$ in der Bildebene I', die in den Bildpunkten $(pl, q, 1)$ eine Polygonkante L und in $(pr, q, 1)$ eine Polygonkante R trifft. Gesucht sind die rückprojizierten Punkte A und B, sowie die Teilungsverhältnisse λ und μ.

Nach dem Sinussatz gilt:

$$\lambda = \frac{|L|\ \sin\alpha}{|\Delta L|\ \sin\beta}$$

Durch Erweitern mit $|pl|$ erhält man:

$$\lambda = \frac{|L|\ |pl|\ \sin\alpha}{|\Delta L|\ |pl|\ \sin\beta} = \frac{|L \times pl|}{|pl \times \Delta L|} = \frac{(x_L, y_L, z_L) \times (pl, q, 1)}{(pl, q, 1) \times (x_{\Delta L}, y_{\Delta L}, z_{\Delta L})}$$

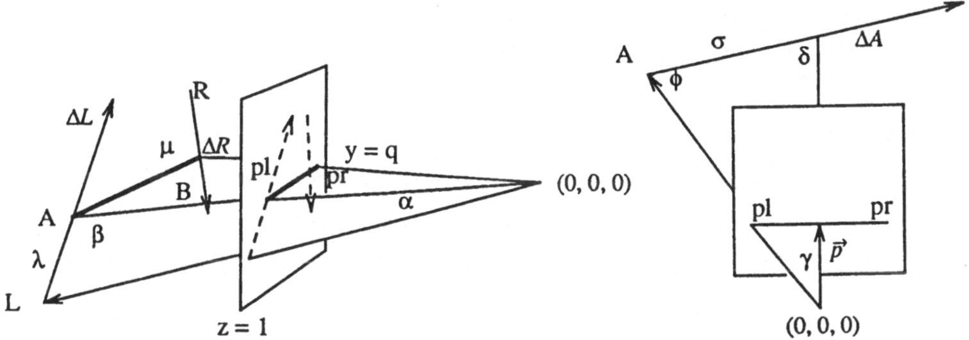

Abb. 4.7. Verfahren III: Bezeichnungen und Koordinatensysteme zur kantentreuen zeilenweisen perspektivischen Rückprojektion. Schematische Darstellung der Rückprojektion (links) und Interpolation entlang ΔA im Objektraum (rechts)

Durch Ausmultiplizieren des Vektorprodukts erhält man:

$$\lambda = \left[\frac{(y_L - q\,z_L)^2 + (x_L - pl\,z_L)^2 + (q\,x_L - pl\,y_L)^2}{(y_{\Delta L} - q\,z_{\Delta L})^2 + (x_{\Delta L} - pl\,z_{\Delta L})^2 + (q\,x_{\Delta L} - pl\,y_{\Delta L})^2} \right]^{\frac{1}{2}}$$

Entsprechend erhält man für die rechte Seite der Scanline für die Koordinate μ:

$$\mu = \left[\frac{(y_R - q\,z_R)^2 + (x_R - pr\,z_R)^2 + (q\,x_R - pr\,y_R)^2}{(y_{\Delta R} - q\,z_{\Delta R})^2 + (x_{\Delta R} - pr\,z_{\Delta R})^2 + (q\,x_{\Delta R} - pr\,y_{\Delta R})^2} \right]^{\frac{1}{2}}$$

Eine Gerade wird im Raum R^3 zwischen den Punkten A und B berechnet; vergl. Abb. 4.7 (rechts).

$A = L + \lambda\Delta L$ und $B = R + \mu\Delta R$ sowie $\Delta A = B - A$.

Aus dem Sinussatz folgt die Geradenkoordinate σ durch:

$$\sigma = \frac{|A|\ \sin\gamma}{|\Delta A|\ \sin\delta}$$

Hier erhält man durch Erweitern mit $|p|$:

$$\sigma = \frac{|A|\ |p|\ \sin\gamma}{|p|\ |\Delta A|\ \sin\delta} = \frac{|A \times p|}{|p \times \Delta A|} = \frac{|(x_A, y_A, z_A) \times (p, q, 1)|}{|(p, q, 1) \times (x_{\Delta A}, y_{\Delta A}, z_{\Delta A})|}$$

bzw., durch Auflösen des Vektorprodukts:

$$\sigma = \left[\frac{(y_A - q\,z_A)^2 + (x_A - p\,z_A)^2 + (q\,x_A - p\,y_A)^2}{(y_{\Delta A} - q\,z_{\Delta A})^2 + (x_{\Delta A} - p\,z_{\Delta A})^2 + (q\,x_{\Delta A} - p\,y_{\Delta A})^2} \right]^{\frac{1}{2}} \qquad (*)$$

Die Werte für λ, μ und σ sind nur definiert, wenn deren Nenner nicht gleich 0 wird. Betrachtet man jedoch

$$\lambda \;=\; \frac{|L|\;\;|p||\;\sin\alpha}{|\Delta L|\;\;|p||\;\sin\beta}\;,$$

so können drei Fälle auftreten.

$|p|| = 0$:   Der Augpunkt liegt in der Bildebene, der Blickwinkel ist nicht definiert.

$|\Delta L| = 0$:   Die Kante des Polygons hat die Länge null, zwei Punkte fallen zusammen.

$\sin\beta = 0$:   Blickrichtung und Raumpolygonkante sind linear abhängig.

Der erste Fall kann per Definition des Beobachters (siehe Kapitel 3, Definition "Beobachter") nicht auftreten, bei den anderen Fällen setzt man $\lambda = \mu = \sigma = 0$.

Die Koordinaten der photographischen Komponente werden analog zum Verfahren II berechnet. Man erhält:

$$T_A = T_L + \lambda\Delta T_L$$
$$T_B = T_R + \mu\Delta T_R$$
$$\Delta T_A = T_B - T_A$$

Der Punkt T der photographischen Komponente ergibt sich zu $T = T_A + \sigma\Delta T_A$, womit einem Punkt in der Bildebene die "Farbe" des Punkts der photographischen Komponente zugeordnet werden kann.

Für die Visibilitätsverfahren, welche einen "Tiefenvergleich" der Objekte durchführen, ist es nützlich, einen z-Wert eines Bildpunktes für das betrachtete Polygon zur Verfügung zu haben. Dieser z-Wert wird ebenfalls durch Interpolation auf der Kante AB bestimmt. Betrachtet man Abb. 4.7 (rechts), so folgt aus dem Sinussatz:

$$z = \frac{|A|\;\sin\phi}{|p|\;\sin\delta}$$

Durch Erweitern mit $|\Delta A|$:

$$z \;=\; \frac{|A|\;\;|\Delta A|\;\sin(180-\phi)}{|p|\;\;|\Delta A|\;\sin\delta} \;=\; \frac{|A\times\Delta A|}{|p\times\Delta A|} \;=\; \frac{|(x_A,\,y_A,\,z_A)\times(x_{\Delta A},\,y_{\Delta A},\,z_{\Delta A})|}{|(p,\,q,\,1)\times(x_{\Delta A},\,y_{\Delta A},\,z_{\Delta A})|}$$

bzw., durch Auflösen des Vektorprodukts:

$$z \;=\; \left[\frac{(Ay\,\Delta Az - \Delta Ay\,Az)^2 + (Ax\,\Delta Az - \Delta Ax\,Az)^2 + (Ax\,\Delta Ay - \Delta Ax\,Ay)^2}{(y_{\Delta A} - q\,z_{\Delta A})^2 + (x_{\Delta A} - p\,z_{\Delta A})^2 + (q\,x_{\Delta A} - p\,y_{\Delta A})^2}\right]^{\frac{1}{2}}$$

Für ebene Polygone liefert die zeilenweise kantentreue perspektivische Rückprojektion die gleichen Ergebnisse wie die normale zeilenweise kantentreue perspektivische Rückprojektion; damit ist die Forderung (i) erfüllt.

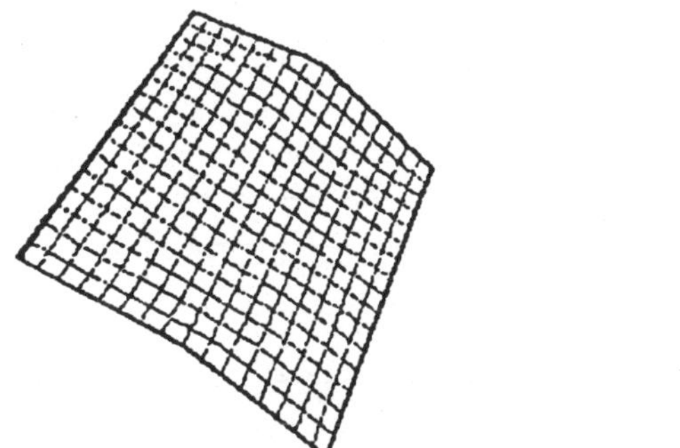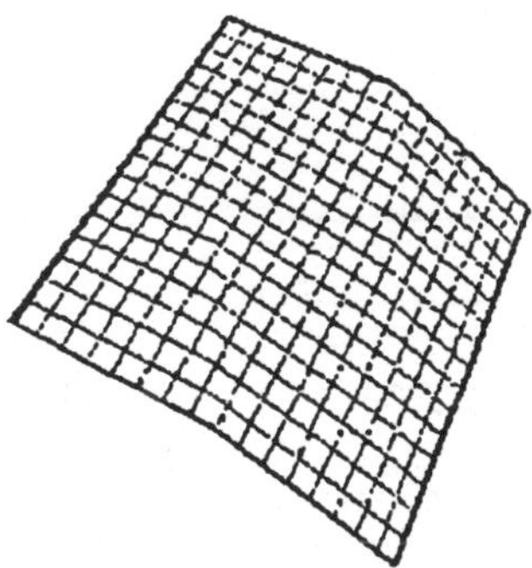

Abb. 4.8. Verfahren III: Kantentreue Rückprojektion bei nicht-planen Polygonen

Bei nicht-planen Polygonen werden die Forderungen (iii) bis (v) erfüllt, lediglich die Forderung nach Stetigkeit der photographische Komponente kann bei manchen Datenfällen - Selbstüberdeckung des nicht-planen Polygons - nicht erfüllt werden.

4.2.4 Verfahren IV: Kantentreue zeilen- und spaltenweise perspektivische Rückprojektion

Das Verfahren der kantentreuen zeilen- und spaltenweisen perspektivischen Rückprojektion ist eine Modifikation der kantentreuen zeilenweisen perspektivischen Rückprojektion. Wie die Bezeichnung sagt, werden nunmehr Rückprojektionen nicht nur innerhalb einer Zeile (Scanline) berechnet, sondern innerhalb der Zeile (q=const) *und* der Spalte (p=const), in welchen das zu berechnende Pixel liegt. Dies führt nach obiger Formel (*) zu einem waagrechten und einem senkrechten Wert für σ. Diese beiden Werte für σ werden gemittelt und die Texturkoordinaten entsprechend Verfahren III berechnet.

Das Verfahren IV erfüllt die Forderungen (i) bis (iv), nicht aber die Forderung (v), da hier der Rechenaufwand nicht proportional zur Anzahl der Pixel, sondern proportional zur quadratischen Anzahl der Pixel ist.

4.3 Beleuchtungsmodell für das Rendering nicht-planer Polygone

Das Mapping-Verfahren mit photographischen Komponenten hat eine Beleuchtungsmodellierung kaum nötig, da in einer Photographie die Licht-Materie-Interaktion des aufgenommenen Gegenstandes enthalten ist. Wie man jedoch in Abb. 4.9 leicht sieht, ist ein völliger Verzicht auf eine zusätzliche Schattierung der photographische Komponente nicht angebracht.

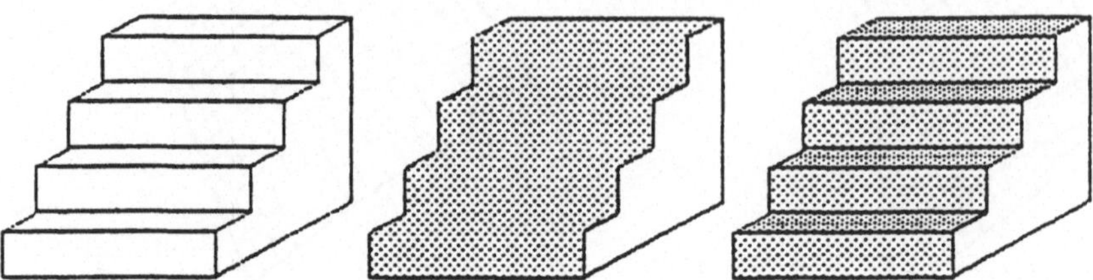

Abb. 4.9. Beleuchtungsmodellierung für nicht-plane Polygone. Links: Darstellung einer Treppe als Drahtmodell; Mitte: In einer Darstellung mit Textur ("photographische Komponente"), jedoch ohne Schattierung, geht jede Raumwirkung des Objekts verloren; nur bei einer Darstellung mit Textur *und* Schattierung nach Maßgabe einfacher diffuser Reflexion (rechts) ist eine hinreichende Raumwirkung des dargestellten Objekts zu erkennen

Für die Berechnung der Schattierung wird von einem Lichtrichtungsvektor $\vec{l}$ einer unendlich weit entfernten Lichtquelle ausgegangen. Die Oberfläche des Polygons reflektiere diffus. Bezeichnet ϕ den Winkel zwischen $\vec{l}$ und der Normalenvektor $\vec{n}$, so ergibt sich der schattierte Farbwert (r', g', b') eines Pixels mit dem ursprünglichen Farbwert (r, g, b) im Bild aus

$$(r', g', b') = (r, g, b) \left[I_L \cos\phi + I_A \right] \quad ,$$

wobei I_L die Itensität der Lichtquelle angibt und I_A die Stärke des ambienten Lichts, der in der Szene herrschenden Grundhelligkeit. Vereinfachend wird von einer mit weißem Licht strahlenden Lichtquelle ausgegangen. Alle Bilder im Kapitel 5 und im Anhang D sind mit diesem einfachen Beleuchtungsmodell, welches vielfach in der Literatur angegeben ist [EnST86, S. 314f.; FDFH90, S. 723f.; Hall89, S. 73f.], berechnet worden.

Ein für das Beleuchtungsmodell erforderlicher Normalenvektor $\vec{n}$ eines nicht-planen Polygons existiert an sich nicht. Ein Verfahren von Gauß [FDFH90, S. 522f.; Grüg88; EnHo89] berechnet die Komponenten des Normalenvektors aus der Projektion des Polygons auf die Hauptebenen des Koordinatensystems. Die Richtung des Normalenvektors ergibt sich aus dem Umlaufsinn der Polygonpunkte, der Betrag ist der Flächeninhalt des Polygons. Die drei Komponenten n_x, n_y und n_z des Normalenvektors $\vec{n} = (x_n, y_n, z_n)$ ergeben sich nach dem Verfahren von Gauß wie folgt:

$$x_n = \frac{1}{2} \sum_{i=1}^{n} (y_j - y_i)(z_j + z_i)$$

$$y_n = \frac{1}{2} \sum_{i=1}^{n} (z_j - z_i)(x_j + x_i)$$

$$z_n = \frac{1}{2} \sum_{i=1}^{n} (x_j - x_i)(y_j + y_i)$$

mit $j:=1$ für $i=n$ und $j:=i+1$ sonst.

Das Verfahren funktioniert für konvexe und konkave Polygone, sowie für Polygone mit Löchern (mehrfach zusammenhängende Gebiete).

4.4 Bewertung der Verfahren I bis IV

Für das Rendering nicht-planer Polygonzüge wurden in Abschnitt 4.1 fünf Forderungen an das zu entwerfende Mapping-Verfahren aufgestellt. Diese waren:

(i) Das Verfahren für nicht-plane Polygone muß den Grenzfall des planen Polygons "normal" behandeln.

(ii) Das Verfahren darf keine Unstetigkeiten nullter Ordnung in der aufgebrachten photographischen Komponente auftreten lassen.

(iii) Die aufgebrachte photographische Komponente muß stationär sein.

(iv) Das Mapping-Verfahren muß die Kanten der Polygone genau auf die Kanten in der photographischen Komponente abbilden.

(v) Das Verfahren muß scanline-orientiert sein. Der Rechenaufwand muß proportional der Anzahl der Pixel im Bild sein.

Die untersuchten vier Mapping-Verfahren
   Verfahren I: "Einfache lineare Interpolation"
   Verfahren II: "Zeilenweise perspektivische Rückprojektion"
   Verfahren III: "Kantentreue zeilenweise perspektivische Rückprojektion"
   Verfahren IV: "Kantentreue zeilen- und spaltenweise perspektivische Rückprojektion"

sind, nach steigendem Rechenaufwand sortiert, dargestellt worden. In einer Übersicht in Tabelle 4.1 ist angegeben, welche der Verfahren I bis IV die Bedingungen (i) bis (v) erfüllen bzw. nicht erfüllen - dies ist jeweils mit einem Pluszeichen "+" oder Minuszeichen "-" indiziert.

	i	ii	iii	iv	v
I	-	-	-	-	+
II	+	-	-	-	+
III	+	-	(-)	+	+
IV	+	+	(-)	+	-

Tabelle 4.1. Gegenüberstellung der Verfahren I bis IV und der Bedingungen (i) bis (v). Erfüllt ein Verfahren eine Bedingung, ist dies durch ein Pluszeichen angezeigt; resp. durch ein Minuszeichen im umgekehrten Fall

Man kann feststellen, daß die einfachsten Verfahren I und II aufgrund der fehlenden, bzw. ungenügenden, Fähigkeit zur perspektivischen Abbildung photographischer Komponenten in nicht-planen Polygonen nicht verwendet werden können. Das aufwendigste Verfahren IV ist kaum akzeptabel, da es nicht mit linearem Rechenaufwand pro zu berechnendem Pixel arbeitet. Dies steht einer möglichen Verwendung des Verfahrens in zeitkritischen Applikationen entgegen. Insofern kommt der Bedingung (v) eine besondere Gewichtung zu; die anderen Bedingungen (i) bis (iv) beziehen sich auf das visuelle Ergebnis des Rendering-Verfahrens.

Das Verfahren III erscheint als eine Kompromißlösung, es erreicht eine befriedigende Bild-Qualität. Die Beispielbilder in Kapitel 5 und im Anhang D sind mit diesem Verfahren (und der oben beschriebenen einfachen Beleuchtungsmodellierung) erstellt. In Kapitel 5 wird auf - akzeptable - Bildfehler im Rendering-Ergebnis hingewiesen.

5 Eine exemplarische Anwendung: Modellierung und Visualisierung eines mittelalterlichen Kirchengebäudes

In Kapitel 5 wird die Pilotanwendung der in dieser Arbeit entwickelten Verfahren durch eine exemplarische Anwendung beschrieben. In Kapitel 5.1 (sowie in Anhang C) wird die Auswahl dieser examplarischen Anwendung motiviert. Wie in Kapitel 5.2 beschrieben, wurde in einem Seminar am Fachgebiet "Graphisch-interaktive Systeme" der TH Darmstadt im Wintersemester 1987/88 das "Raibach-Projekt" durchgeführt. Die geometrischen Daten eines Kirchengebäudes - in Breuberg-Rai-Breitenbach, Ortsteil Raibach, im Odenwald gelegen - wurden durch Vermessung (Bauaufnahme) gewonnen. Der gemessene Datensatz des Raibacher Kirchengebäudes stellt einen umfassenden Testfall für die in dieser Arbeit entwickelten Algorithmen dar. Visualisierungen der Gebäude-Geometrie mit photographischen Komponenten sind durchgeführt worden. Tests zur Beleuchtungsmodellierung, zu den in Kapitel 4 hergeleiteten Mapping-Verfahren, sowie zur Bewegtbildgenerierung werden jeweils in Kapiteln 5.4 bis 5.7 beschrieben. Mit Hilfe der generierten Fest- und Bewegtbilder ist es möglich, experimentelle Abschätzungen der tolerierbaren Bildfehler ε nach Maßgabe des Kalküls der nicht-exakten perspektivischen Projektion vorzunehmen, welche als Richtwerte für weitere Anwendungen der nicht-exakten perspektivischen Projektion dienen können.

In Kapitel 5 wird die exemplarische Anwendung überwiegend textuell beschrieben. Es sei auf Anhänge C und D verwiesen, dort findet man weitere Informationen zu den interdisziplinären Aspekten, eine Bilddokumentation zum Raibach-Projekt und weitere Beispielbilder zur Visualisierung des Kirchengebäudes.

5.1 Zur Motivation und Auswahl dieser konkreten exemplarischen Anwendung

Im Rahmen eines Seminars am Fachgebiet "Graphisch-interaktive Systeme" der Technischen Hochschule Darmstadt wurde im Wintersemester 1987/88 das "Raibach-Projekt" durchgeführt. Für das Raibach-Projekt trafen mehrere Umstände zusammen, welches seine Auswahl zur vorliegenden exemplarischen Visualisierungs-Anwendung motivierten und begünstigten.

Zum einen weckten die mit dem Visualisierungsbeispiel verbundenen informatik-spezifischen und interdisziplinären Fragestellungen das Interesse der am Projekt Beteiligten. In Kapitel 2 der vorliegenden Arbeit wird als Basis einer naturalistischen computergraphischen Bildgenerierung die meßtechnische Erfassung der Geometrie der zu visualisierenden Szene postuliert - nur so sind idealisierende Szenenmodellierungen zu umgehen. Eine solche meßtechnische Erfassung ist mit einem großen gerätetechnischen und zeitlich-personellen Aufwand verbunden. Im Raibach-Projekt stand, aufgrund der interessanten Fragestellungen, günstigerweise ein Sponsor für die teure geometrische Bauaufnahme zur Verfügung.

Zum zweiten ist die Raibacher Kirche als das zu visualisierende Objekt in der Realität gut zugänglich; damit können die geometrischen Vermessungen und die Aufnahmen der photographischen Komponenten durchgeführt werden. Durch die Evangelische Landeskirche war nicht nur der Zugang zum Gebäude gewährt, sondern auch die Publikation der Resultate der interdisziplinären geometrischen Untersuchungen des Kirchengebäudes unterstützt worden; diese sind in Anhang C dargelegt.

Zum dritten stellt das Beispiel eine visualisierungstechnische Herausforderung dar. Die in dieser Arbeit beschriebenen Verfahren und Algorithmen sind gut demonstrierbar. Die Fassadenansicht der Raibacher Kirche läßt erkennen, daß das Gebäude nicht regulär aufgebaut ist. Die Fenster sind unterschiedlicher Form und Größe und unregelmäßig an den Wänden plaziert. Der Innenraum ist geprägt von der starken Asymmetrie des Gebäudes. Die Wände und die Fenstereinfassungen sind sehr uneben und durch nicht-plane Polygonzüge beschreibbar. Die Oberflächen der Wände (Wandputz) zeigen eine charakteristische Texturierung und Struktur. Die Visualisierung der Wandmalereien ist für den Einsatz photographischer Komponenten prädestiniert.

Das persönliche Interesse des Autors und bereits geleistete Vorarbeiten [MaKH87] in ähnlichen interdisziplinären Fragestellungen gaben der hier vorliegenden Pilotanwendung weiteren Vorschub.

5.2 Arbeiten zur Datenakquisition als Vorbereitung der Visualisierung

Vom Kirchengebäude wurden zunächst photographische Aufnahmen erstellt. Diese Aufnahmen zeigen Proben charakteristischer Texturen, wie z. B. die verschiedenen Arten von Wandputz am Gebäude; oder die Aufnahmen zeigen ganze Teilszenen, wie z. B. ganze Wände einschließlich der Fenster und der Wandmalereien. Da durch Änderungen des Sonnenstandes oder der Bewölkung andere Lichtverhältnisse und Farbstimmungen entstehen können, wurden die Aufnahmen vom Gebäude und von den Texturen an einem Tag innerhalb kurzer Zeit erledigt. Die photographierten 35mm-Diapositive wurden diskretisiert; die Auflösung beträgt pro digitalem Bild 1024 mal 1024 Pixel, jedes Bild hat 3 Kanäle Rot, Grün, Blau mit jeweils 8 bit Dynamik in der Amplitude. Die erzeugten diskreten Bilder wurden vom Scanner zum Rendering-Rechner, einer DIGITAL µVAX II, übertragen und gespeichert.

Während einer mehrtägigen Exkursion wurde die Geometrie des Kirchengebäudes vor Ort vermessen. Die Vermessungen wurde von der Fa. Wohlleben, Oberursel i.T., gesponsort und durchgeführt. Die eigentliche Datenakquisition vor Ort erfolgte mit einem elektronisch registrierenden Theodoliten.

Das Gerät mißt die Koordinaten von Gebäudepunkten $P(\phi,\psi,r)$ in einem Polarkoordinatensystem, dessen Winkelmaße ϕ und ψ aus der Stellung des Meßkopfs zum Standgestell abgeleitet wurden, während die Entfernung r des anvisierten Punktes P aus der Laufzeit eines optischen Signals (eines Infrarotlasers) vom Theodoliten zu diesem Punkt P und zurück bestimmt wurde.

Die Auswahl der am Gebäude zu messenden Punkte erfolgte nach mehr oder minder subjektiven Kriterien in Zusammenarbeit mit der Vermessungsfirma. Die Begrenzungen (Kanten) der Wände, der Fenstereinfassungen, des Chorbogens, der Treppe, usw. wurden in Form von umlaufenden Polygonzügen P vermessen. Der Abstand der Punkte P_i in diesen Polygonzügen P wurde so gewählt, daß eine - nach subjektiven Kriterien - naturgetreue Wiedergabe der Umgrenzungen der Gebäudeteile möglich ist. Es wurden 708 Punkte des Gebäudes einzeln vermessen. Die Geometriedaten wurden vor Ort in einem lokalen Speicher des Theodoliten gehalten; aus diesem wurden sie später mittels eines PC ausgelesen. Das kommerzielle Planerstellungssystem der Fa. Wohlleben erstellte, auf die vermessenen Daten gestützt, parallelperspektivische Ansichten einzelner Wände. Mit solchen Plotterzeichnungen kann die Vollständigkeit und Korrektheit des akquirierten Datensatzes kontrolliert werden. Die Geometriedaten des Gebäudes sind vom Theodoliten in den Koordinaten des Gauß-Krüger-Weltkoordinatensystems mit Angabe der absoluten(!) Größen "Höhe über Meer", "östliche Länge" und "nördliche Breite" für jeden Punkt angegeben worden. Für die weitere Verarbeitung werden diese dreidimensionalen Koordinatenwerte in ein Koordinatensystem so transformiert, daß das gesamte Kirchenobjekt im Einheitswürfel eines rechtshändigen Koordinatensystems zu liegen kommt.

Mit dem Photographieren und Diskretisieren der photographischen Komponenten, sowie der Vermessung mit dem Theodoliten vor Ort, war die Akquisition der Gebäudedaten als Basis der naturgetreuen computergraphischen Visualisierung bereits abgeschlossen.

5.3 Wire-frame-Visualisierung der gemessenen Gebäude-Geometrie

Die Wire-frame-Visualisierungen wurden direkt aus dem polygonalen Geometrie-Datensatz der Vermessung abgeleitet, indem die im R^3 definierten Vektoren auf eine Workstation vom Typ Evans & Sutherland PS 390 übertragen worden sind. Dieser Workstationtyp vermag mittels einer in Hardware realisierten Geometrie-Pipeline 3D-Vektor-Daten mit Perspektivenwechseln in Echtzeit zu visualisieren. Daher ist die Aufzeichnung von Wire-frame-Bewegtbildern auf ein Videoband direkt in Echtzeit möglich. Der Anhang D beinhaltet Beispielbilder der Wire-Frame-Visualisierungen. Durch die Möglichkeit interaktiver Änderungen der Perspektive war diese Methode der Visualisierung von hohem Wert für die Untersuchung der Geometrie des Gebäudes.

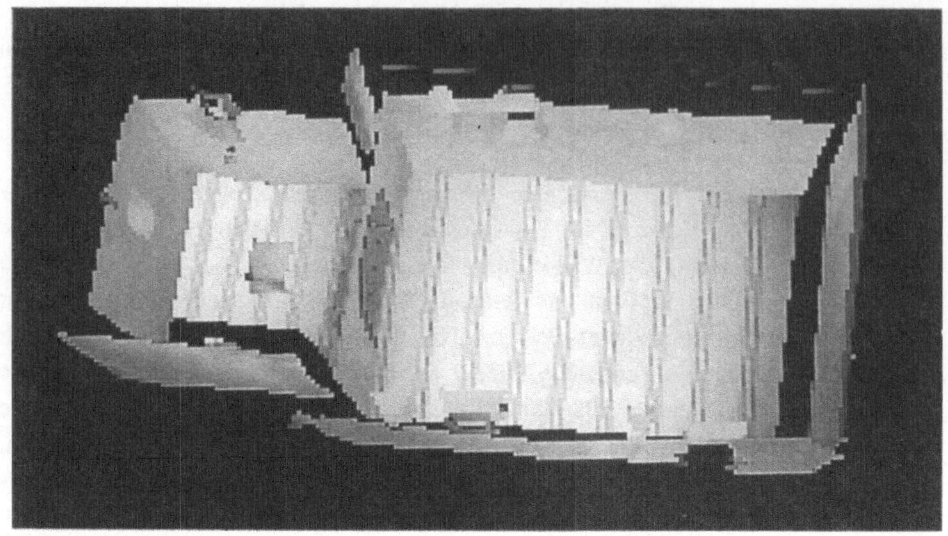

Abb. 5.1. Versuch zur Beleuchtungsmodellierung mit photographischen Komponenten; Test einer Komponente mit durch die Aufnahme bestimmtem Helligkeitsverlauf für den Fußboden des Gebäudes. Zeilenweise perspektivische Rückprojektion (Verfahren II)

5.4 Experimentelle Ergebnisse zur Beleuchtungsmodellierung

Im Gegensatz zu den geometrischen Betrachtungen in Kapitel 3 weiß man über die *Lichtwirkung* von photographischen Komponenten im voraus relativ wenig. Es steht lediglich fest, daß ein einfaches Beleuchtungsmodell (diffuse Reflektion) mindestens vonnöten ist, wie die Betrachtungen in Kapitel 4 zeigen. Wie aber wirken Schattierungsverläufe, Schattenwurf und Lichtquellen, die sich in einer im neuen Bildkontext "wiederverwendeten" photographischen Komponente befinden? - Hier können nur experimentelle Resultate die Basis weiteren Vorgehens sein.

Einen ersten Versuch mit einer photographischen Komponente zeigt Abb. 5.1. In diesem Bild wurde die photographische Komponente für den Fußboden so gewählt, daß der Schattierungsverlauf der ursprünglichen Photographie im computergraphischen Bild sichtbar bleibt. Als Mapping-Verfahren wurde die zeilenweise perspektivische Rückprojektion (Verfahren II in Kapitel 4) eingesetzt. Obwohl die Ortsauflösung des Bildes sehr niedrig ist, sie beträgt ca. 100 mal 150 Pixel, stellt sich die räumliche Wirkung des Gebäudes im Bild gut dar. Der Betrachter akzeptiert den

Schattierungsverlauf auf dem Fußboden als korrekt - er ist subjektiv von einem quantitativ richtig berechneten kaum unterscheidbar.

Weitere Versuche mit komplexeren photographischen Komponenten wurden durchgeführt; siehe Bilder in Anhang D. Die bei diesen Versuchen verwendeten photographischen Komponenten zeigen individuell verschiedene Wandmalereien mit hohem Wiedererkennungswert, dreidimensionale Strukturen (Fenster und nicht-ebene Wände) und z. T. spezielle Lichtverhältnisse, wie vom Sonnenlicht hell erleuchtete Fenster und daraus resultierende Beleuchtung benachbarter Wände.

Die generierten Bilder sind durch folgende Eigenschaften charakterisiert:

(1) Der Wiedererkennungswert, als subjektives Maß für die Naturtreue, ist sehr hoch. Ein Betrachter der computergraphischen Bilder erkennt sofort die Kirche von Raibach wieder.

(2) Die durch die photographischen Komponenten in die computergraphischen Bilder "importierte" Lichtwirkung ist sehr prägnant. Der Bildeindruck kann durchaus mit Ergebnissen weitaus rechenintensiverer Beleuchtungsmodelle (z. B. Ray-Tracing, Radiosity-Approach) verglichen werden.

Szenen- und Bildteile, welche mit einfachsten Mitteln, ohne den Einsatz photographischer Komponenten, visualisiert worden sind, profitieren sogar von der Bildwirkung, die in punkto Naturtreue von wenigen photographischen Komponenten im Bild ausgeht.

5.5 Das Maß der Unebenheit u für nicht-plane Polygone

In einer quantitativen Analyse der Rendering-Ergebnisse, und für eine Beurteilung der Leistungsfähigkeit der Mapping-Verfahren, wird man sich besonders für die Datenfälle der besonders unebenen nicht-planen Polygone interessieren. Es ist hierzu notwendig, die Unebenheit eines nicht-planen Polygonzugs quantitativ zu erfassen. Die Unebenheit eines Polygons definiert man am zweckmäßigsten, indem man seine "Dicke" zu seiner "Breite" in Relation setzt. Für ein Polygon $P = (P_1, \cdots, P_n)$ wird hierfür die "Normale" $\vec{n} = (x_n, y_n, z_n)$ nach dem Verfahren in Kapitel 4 berechnet:

$$x_n = \frac{1}{2} \sum_{i=1}^{n} (y_j - y_i)(z_j + z_i)$$

$$y_n = \frac{1}{2} \sum_{i=1}^{n} (z_j - z_i)(x_j + x_i)$$

$$z_n = \frac{1}{2} \sum_{i=1}^{n} (x_j - x_i)(y_j + y_i)$$

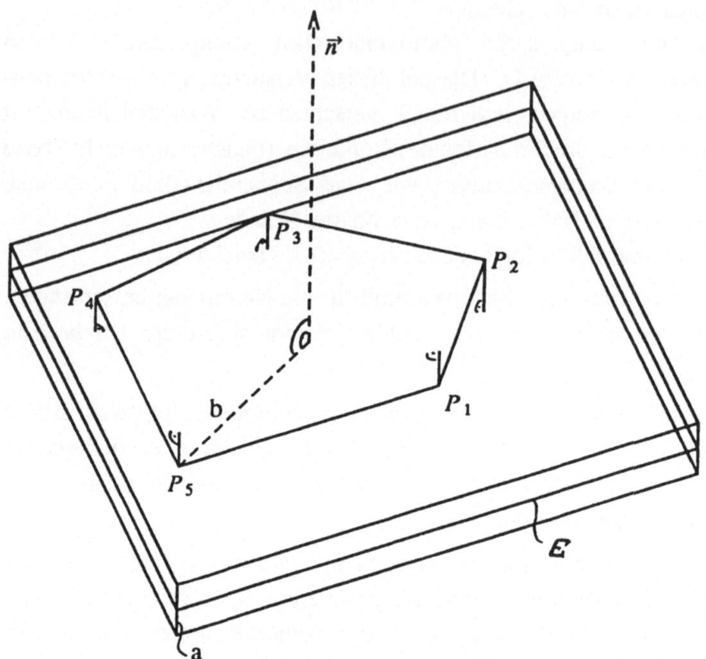

Abb. 5.2. Die Unebenheit eines Polygonzugs **P** ist ein Maß, welches die "Dicke" des Polygonzuges zu seiner räumlichen Ausdehnung orthogonal zum Normalenvektor $\vec{n}$ in Relation setzt

mit j:=1 für i=n und j:=i+1 sonst. Ferner wird der Mittelpunkt S von **P** durch eine einfache Mittelung über die Koordinaten der P_i bestimmt:

$$S = (x_S, y_S, z_S) = \frac{1}{n} \sum_{i=1}^{n} P_i$$

Der Mittelpunkt S und der Vektor $\vec{n}$ bestimmen eine Ebene E, welche senkrecht zu $\vec{n}$ durch S geht. Nun kann durch Einsetzen in die Hessesche Normalform für ein Polygon das Maß der Unebenheit u zu

$$u = \frac{\max_i \| (P_i, E) \|_2}{\max_i \| (P_i, S) \|_2} = \frac{a}{b}$$

bestimmt werden. Der Wert u ist mithin definiert als das Verhältnis der "Dicke" a von **P** zur "Breite" b von **P**; siehe hierzu Abb. 5.2. Für ein planes Polygon gilt u=0.

Die Unebenheit wurde für solche ausgewählte Polygone ermittelt, welche augenfällig am Gebäude uneben waren. Eine Aufstellung der hierbei gefundenen Werte für die Unebenheit u findet man in Tabelle 5.1.

#	Polygonzug (Wandteil)	u
1.	Altarraum, Norden, außen	2,26%
2.	Altarraum, Norden, Dach	1,88%
3.	Altarraum, Süden, innen	4,35%
4.	Altarraum, Osten, außen	3,19%
5.	Altarraum, Osten, innen	3,55%
6.	Altarraum, Osten, Giebel	5,26%
7.	Altarraum, Boden	0,55%
8.	Kirchenschiff, Norden, außen	10,23%
9.	Kirchenschiff, Norden, Dach	1,61%
10.	Kirchenschiff, Westen, innen	0,55%
11.	Kirchenschiff, Boden	0,60%
12.	Wandabschluß zwischen Mauern und Dach	6,28%

Tabelle 5.1. Werte für die Unebenheit u für einige ausgewählte nicht-plane Polygonzüge aus dem Datensatz der Raibacher Kirche

5.6 Experimentelle Ergebnisse zum Mapping-Verfahren für nicht-plane Polygonzüge

Das in Kapitel 4 evaluierte Verfahren der kantentreuen zeilenweisen Rückprojektion (Verfahren III) wird bei der Visualisierung der Raibacher Kirche weiterer Prüfung unterzogen. Die generierten computergraphischen Bilder sind rein visuell recht ansprechend; dennoch soll im Rahmen der vorliegenden Arbeit hier auf drei typische Mängel hingewiesen werden, welche das Einsatzspektrum des Verfahrens der Visualisierung photographischer Komponenten in nicht-planen Polygonen begrenzen. Diese Mängel sind

(1) die Unstetigkeitsstellen in der aufgebrachten photographischen Komponente,

(2) die begrenzte Ortsauflösung der aufgebrachten photographischen Komponente, sowie

(3) die mangelnde Ortsstabilität der photographischen Komponente innerhalb des nicht-planen Polygonzugs.

Abb. 5.3. Versuch zum Mapping photographischer Komponenten auf nicht-plane Polygonzüge. Oben: Computergenerierte Ansicht der Raibacher Kirche von Nordwesten, kantentreue zeilenweise Rückprojektion (Verfahren III). Unten: Entlang der Scanlines auftretende Bildfehler an der Nordwand, schematische Darstellung

Zu (1): Die Abb. 5.3, oben, zeigt die Visualisierung einer Außenansicht des Kirchengebäudes. An der Nordwand des Gebäudes (der Wand mit der Tür) treten typische Abbildungsfehler auf, die die Grenzen des Mapping-Verfahrens demonstrieren. Diese Fehler sind Unstetigkeiten in der aufgebrachten photographischen Komponente. Sie treten an Scanlines auf, welche durch Polygonpunkte laufen, die eine Unebenheit des Polygons verursachen, d. h. großen Abstand von der mittleren Ebene E des Polygons haben (vergl. Abb. 5.2). In Abb. 5.3 sind dies die Ecken der Fenster. Die betrachtete Nordwand weist allerdings mit einem Unebenheitswert von $u = 10{,}23\%$ die höchste Unebenheit aller Wände des Kirchengebäudes auf. In anderen Bildern, welche das gleiche Nordwand-Polygon zeigen, treten ebenfalls Unstetigkeiten bei diesem Polygon auf.

Andere Polygone des Kirchengebäudes wiederum, deren Unebenheit bei max. 6% liegt, zeigen keine sichtbaren Unstetigkeitsstellen in der aufgebrachten photographischen Komponente.

Zu (2): Der Einsatz photographischer Komponenten für die Bildgenerierung wird durch die begrenzte Ortsauflösung der als photographische Komponenten verwendeten diskreten Bilder hervorgerufen. Diese macht sich als "Unschärfe" im generierten Bild augenfällig bemerkbar.

Die begrenzte Ortauflösung ist ein prinzipielles Problem, welches sich generell stellt, wenn photographische Komponenten verwendet werden. Die Akquisition höher aufgelöster Bilder schafft allenfalls eine lokale Verbesserung, zu jeder gespeicherten photographischen Komponente existieren Beobachterpositionen, bei welcher sich ihre begrenzte Ortsauflösung bemerkbar macht.

Zu (3): Bei der verwendeten kantentreuen zeilenweisen Rückprojektion machen sich Effekte einer mangelnden Ortsstabilität erst bei Polygonen mit einem Unebenheitswert größer 5% bemerkbar. Das kreuzweise schraffierte Mauerabschlußpolygon mit $u = 6{,}28\%$ in Abb. 5.4 zeigt eine mangelnde Ortsstabilität, während man eine solche beim Polygon der Südwand im Chorraum mit $u = 4{,}35\%$, in Abb. 5.4 einfach schraffiert, nicht beobachten kann.

Als ein Resumée zu den Punkten (1) und (3) darf man festhalten, daß bei der Verwendung von nicht-planen Polygonen bis zu einer Unebenheit $u \leq 5\%$ keine augenfälligen Fehler im generierten Bild auftreten. Dies darf als eine allgemeine Richtlinie für Modellierungen von zu visualisierenden Szenen mit Hilfe nicht-planer Polygone gelten.

5.7 Experimentelle Ergebnisse zur Bewegtbildgenerierung

Die Erzeugung bewegter Bilder - auch unter Echtzeitbedingungen in Sichtsystemen von Simulatoren - stellt ein wichtiges, kommerziell nutzbares Anwendungsgebiet der in der vorliegenden Arbeit vorgestellten Verfahren dar. Das Rendering-Verfahren für nichtplane Polygonzüge soll daher auf seine Tauglichkeit zur Generierung von Bewegtbildern überprüft werden. Als Grundlage einer visuellen Beurteilung wurde ein computergeneriertes Bewegtbild (Computeranimation) erzeugt, welches eine Länge von 8 Sekunden hat. Bei einer Bildfrequenz von 25 Voll-Bildern pro Sekunde (gemäß der PAL-Fernsehnorm) bedeutet dies, daß 200 Einzelbilder (engl.: *frames*) zu berechnen waren [HoKl89].

In der Szene fährt die Kamera auf das Gebäude zu (Frames #1 bis #50), das Gebäude schwenkt nach unten weg (Frames #51 bis #100), die Kamera geht in die Vogelperspektive. Das Dach des Gebäudes wird entfernt (Frame #101), man sieht von oben in den Innenraum. Für eine Sekunde (Frames #101 bis #125) bewegt sich das Gebäude nicht. Hernach dreht sich das Gebäude ohne Dach um einen Winkel von ca. 50° um seine Hochachse (Frames #126 bis #200). Das Bewegtbildbeispiel ist so konstruiert, daß damit einerseits der verwendete, gemessene Datensatz des Gebäudes gut demonstriert werden kann, aber andererseits auch die verwendeten Algorithmen in bewegtbild-typischen Situationen getestet werden können. Im Vordergrund steht die quantitative Analyse des Bewegtbildes nach den Werten ε nach dem Kalkül der nicht-exakten perspektivischen Projektion.

Bei der Computeranimation existieren für jedes der 200 Einzelbilder des Bewegtbildes Transformationsmatrizen T_i, welche die aktuelle Position der Objekte in der Szene bestimmen. Im vorliegenden Fall gab es nur ein Objekt, die Matrix T gibt die Position der Raibacher Kirche im Raum R^3 an. Der Beobachter V_n ist für jedes Einzelbild normiert, es gilt für den Blickwinkel $\omega = 45°$. Um für ein Einzelbild den durch die Unebenheit des Polygons verursachten Bildfehler ε zu bestimmen, berechnet man die "Dicke" des transformierten Polygons.

$$a' = \max_i \; \| \, (T(P_i), T(E)) \, \|_2$$

und seinen geringsten Abstand d vom Beobachter

$$d = \min_i \; \| \, T(z_i) \, \|_2 \qquad \text{mit} \qquad T(P_i) = (T(x_i), T(y_i), T(z_i)) \in R^3 \quad .$$

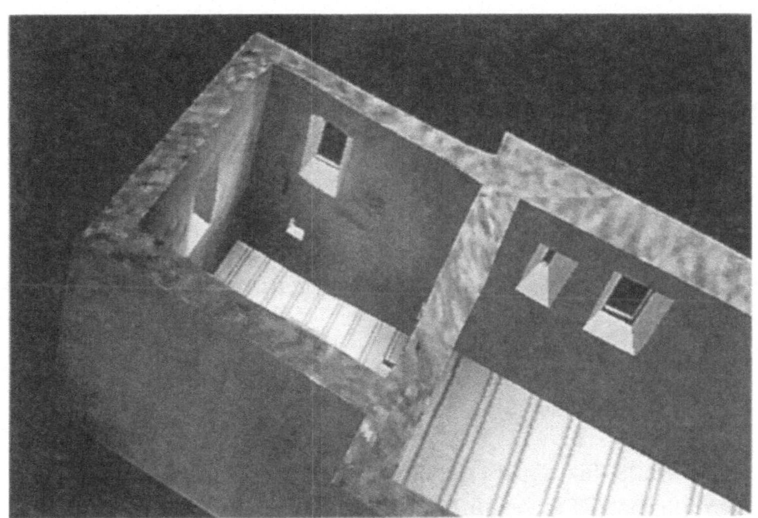

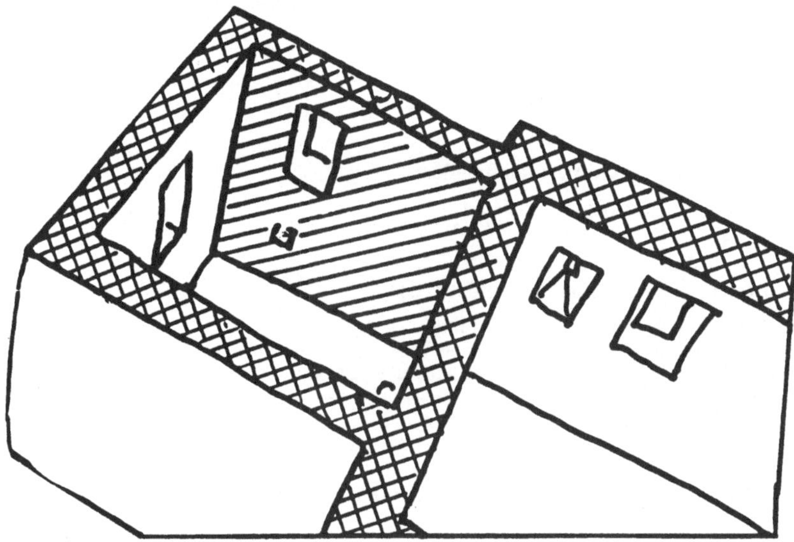

Abb. 5.4. Versuch zum Mapping photographischer Komponenten auf nicht-plane Polygonzüge. Frame #101 des Versuchs zur Bewegtbildgenerierung. Oben: Computergenerierte Ansicht der Raibacher Kirche von schräg oben, das Dach ist entfernt. Kantentreue zeilenweise Rückprojektion (Verfahren III). Unten: Schematische Darstellung zum Test der Ortsinstabilität der aufgebrachten photographischen Komponenten im Hinblick auf eine große Unebenheit der nicht-planen Polygone "Altarraum, Süden, innen" (schraffiert) und "Wandabschluß" (doppelt schraffiert). Weitere Erläuterung im Text

Aus dem transformierten Normalenvektor $\quad T(\vec{n}) = (T(x_n), T(y_n), T(z_n)) \in R^3$
ist mit

$$\frac{T(z_n)}{\left[\, T(x_n)^2 + T(y_n)^2 + T(z_n)^2 \, \right]^{\frac{1}{2}}} = \cos \alpha$$

der Winkel α zwischen transformierter Polygonnormale und der z-Achse des Koordinatensystems bestimmt. Der aus der Unebenheit des Polygons herrührende Bildfehler ε ergibt sich nunmehr zu:

$$\varepsilon = \frac{a' \left[1 - \cos^2 \alpha \, \right]^{\frac{1}{2}}}{d}$$

Eine Auflistung der ε-Werte für einige signifikant unebene Polygone, gemäß der Tabelle 5.1, ist in den folgenden Tabellen 5.2 bis 5.5 gegeben.

Frame #	Bildfehler ε	Anmerkung
1	0,0417	Das Polygon nähert sich
10	0,0438	dem Betrachter, es ist
20	0,0464	allerdings durch andere
50	0,0503	Polygone verdeckt
60	0,0531	
100	0,1051	Das Dach ist entfernt, das
130	0,1070	Polygon wird sichtbar
138	0,1142	Das Polygon wird wieder verdeckt
146	0,1272	Polygon nicht sichtbar

Tabelle 5.2. Aufstellung der Bildfehler ε für den Polygonzug "Altarraum, Osten, innen", mit $u = 3{,}55\%$

Frame #	Bildfehler ε	Anmerkung
1	0,1109	Das Polygon nähert sich
10	0,1232	dem Betrachter
20	0,1433	
50	0,2467	
60	0,2643	
90	0,3772	
100	0,3965	
130	0,4000	Objekt dreht sich
140	0,4113	um die Hochachse
190	0,4926	
200	0,4885	

Tabelle 5.3. Aufstellung der Bildfehler ε für den Polygonzug "Kirchenschiff, Norden, außen", mit u = 10,23%

Frame #	Bildfehler ε	Anmerkung
100	0,3819	Ab Frame 100 sichtbar
130	0,3819	Ab Frame 125 Drehung
140	0,4003	um die Hochachse
150	0,4101	der Kirche
160	0,4369	
170	0,4550	
180	0,4577	
190	0,4468	
200	0,4389	

Tabelle 5.4. Aufstellung der Bildfehler ε für den Polygonzug "Wandabschluß", mit u = 6,28%

Frame #	Bildfehler ε	Anmerkung
1	0,0340	Polygon ist verdeckt
10	0,0368	
20	0,0408	
50	0,0536	
90	0,0802	
100	0,0855	Polygon wird sichtbar
130	0,0866	Drehung um Hochachse
150	0,1002	
170	0,1222	
190	0,1478	
200	0,1531	

Tabelle 5.5. Aufstellung der Bildfehler ε für den Polygonzug "Altarraum, Süden, innen", mit u = 4,35%

Zum besseren Verständnis des Ablaufs des Bewegtbildbeispiels sei auf die Bilddokumentation in Anhang D verwiesen; vergl. dort die Abb. D.15 bis Abb. D.22.

Eine Bewertung des Bewegtbildversuchs unter Berücksichtigung einer quantitativen Analyse der Bildfehler ε nach Maßgabe des Kalküls der nicht-exakten perspektivischen Projektion kann nur subjektiv und summarisch erfolgen. Man darf festhalten, daß im Bereich $u \leq \varepsilon \leq 0{,}12$ kaum bzw. nicht wahrnehmbare Bildfehler, im Bereich $0{,}12 < \varepsilon \leq 0{,}25$ erst bei genauer Betrachtung wahrnehmbare Bildfehler auftreten. Diese Bewertung ist eine subjektive Einschätzung des generierten Bewegtbildbeispiels gemäß der tabellarischen Auflistung der Werte ε der in den Bildern aufgetretenen Bildfehler. Als ein weiteres Resumée darf man festhalten, daß bei der Verwendung von nicht-planen Polygonen bis zu einer Unebenheit $u \leq 5\%$ keine augenfälligen Fehler in bezug auf Unstetigkeiten in der aufgebrachten photographischen Komponente im generierten Bild auftreten. Dies darf als eine allgemeine Richtlinie für Modellierungen von zu visualisierenden Szenen mit Hilfe nicht-planer Polygone gelten.

6 Zusammenfassung und Ausblick

6.1 Zusammenfassung

Die vorliegende Arbeit ist bezüglich ihrer anfänglichen Motivation von einer gewissen oppositionellen Grundhaltung gekennzeichnet: Die Arbeit wendet sich *gegen* einen unreflektierten computergraphischen Realismus, der sich nur auf den Entwurf physik-basierter Rendering-Algorithmen kapriziert. Bildberechnungs-Verfahren zur computer-graphischen Simulation einer Photographie verfolgen letztlich ein naives Ziel: Dieses Ziel ist erreicht, falls Algorithmen zur Beleuchtungsmodellierung existieren, mit denen die Berechnung einer Computergraphik gelingt, welche man ebensogut als Bild in der Natur hätte photographieren können. Nichtsdestoweniger ist die generative Computer-graphik von diesem Ziel noch weit entfernt [MRCG86].

Die vorliegende Arbeit greift daher in Kapitel 2 den kulturellen und psycholo-gischen Hintergrund der Bildwahrnehmung auf, soweit dies für die computergra-phische Bilderzeugung relevant ist. Erkenntnisse zur Psychologie der bildlichen Wahrnehmung von E. Gombrich, welche belegen, daß es kein "objektiv realistisches Bild" geben kann, werden auf die computergraphische Bildgenerierung übertragen: Der *Betrachter* hat den wesentlichen Anteil daran, ob ein (computergraphisches) Bild als "realistisch" oder gar "naturalistisch" taxiert wird [Gomb84; Gomb86]. Für die vorliegende Arbeit steht nicht der Entwurf eines spezifischen Bilderzeugungs-Algorithmus im Mittelpunkt des Interesses; wichtiger als das eigentliche Darstel-lungsverfahren ist die Betrachtung der Wechselwirkung zwischen Betrachter und Bild, sowie die Art der Modellierung der darzustellenden Szene.

Die Frage nach der computergraphischen Generierung naturalistischer Bilder konzentriert sich auf drei Kernprobleme, welche aus den Überlegungen zum Wesen des computergraphischen Naturalismus in Kapitel 1 und Kapitel 2 abgeleitet werden:

(1) Wenn der Betrachter - und nicht das Generierungsverfahren - die zentrale Instanz des Realismus und Naturalismus ist: Welches sind die Anforderungen an die Präzision des zu berechnenden Bildes?

(2) Wenn die darzustellende Szene nicht aus rein mathematischer Modellierung abgeleitet sein darf - sonst wäre die resultierende Computergraphik unweigerlich idealistisch: Wie kann eine Szene naturgetreu modelliert und visualisiert werden?

(3) Wenn die computergraphische Simulation einer photographischen Aufnahme als zu rechenaufwendig kritisiert wird: Was sind die Kosten des Naturalismus, wie hoch ist der Rechenaufwand für die Erstellung einer naturalistischen Computer-graphik?

Zu (1): Mit Hilfe praktischer Versuche kann in der vorliegenden Arbeit dargelegt werden, daß für die Erzeugung eines naturgetreuen Bildeindrucks wohl nicht notwendigerweise eine fehlerfreie perspektivische Ansicht der darzustellenden Szene nötig ist. Der Betrachter eines Bildes ist kaum in der Lage, Bildfehler in einer perspektivischen Projektion zu erkennen, welche unterhalb einer Größenordnung von ca. 5% (für Bewegtbilder) bzw. ca. 12% (für Standbilder) einer Bildseitenlänge liegen. Diesen Umstand kann man nutzen, indem man die gesamte Bildgenerierung nach Maßgabe eines in der vorliegenden Arbeit - in Kapitel 3 - entwickelten Kalküls der nicht-exakten perspektivischen Projektion anlegt.

Es wird ferner gezeigt, daß für die polygonale Modellierung einer zu visualisierenden Szene nicht unbedingt ideal plane Polygone vonnöten sind. Es genügt für eine befriedigende Darstellung von Objekten im Bild, diese relativ grob über nicht-plane Polygonzüge in ihren Umrissen anzunähern. Dabei können Unebenheiten der Polygone (gemessen in Dicke zu Breite des Polygonzuges) von bis zu 5% in Kauf genommen werden. Damit stellt die vorliegende Arbeit einen Weg dar, um naturgetreue Szenen mit relativ einfachen mathematischen Mitteln zu modellieren.

Zu (2): Die vorliegende Arbeit sieht es als das wesentliche Element der Naturtreue einer Computergraphik an, daß die darzustellende Szene nicht mathematisch-idealisierend modelliert wird. Solches Vorgehen wird notwendigerweise in einer idealistischen Computergraphik mit geringem Wirklichkeitsbezug enden - dies ist nach allgemeinem Verständnis das genaue Gegenteil einer naturalistischen Darstellung, und mithin einer naturalistischen Computergraphik. Es wird als die einzige Möglichkeit der Modellierung der geometrischen und ikonisch-photographischen Inhalte einer zu visualisierenden Szene ihre neutrale und naturgetreue, das heißt meßtechnische, Erfassung gesehen.

In Kapitel 5 dieser Arbeit wird eine solche meßtechnische Erfassung und Modellierung der darzustellenden Szene exemplarisch dargelegt. Die vorgestellte exemplarische Anwendung beinhaltet die Vermessung und Photographie eines zu visualisierenden mittelalterlichen Kirchengebäudes. Die vollständige Erfassung der Geometrie und der "Ikonik" des darzustellenden Objekts ist die Basis für die Generierung naturalistischer Computergraphiken mittels der in der vorliegenden Arbeit entwickelten Verfahren.

Zu (3): Die Kosten - in bezug auf Rechenaufwand - für einen computergraphischen Naturalismus können sehr niedrig sein. Dies ist ein Resultat der konsequenten Nutzung approximativer Verfahren, wie sie in Kapitel 3 und Kapitel 4 entwickelt werden. Die Bildgenerierung nach dem Kalkül der nicht-exakten perspektivischen Projektion läßt, gemessen an den traditionellen Verfahren, große Einsparungen an Rechenzeit für zweierlei Anwendungen zu. Zum einen ist es möglich, nicht nur einzelbildweise eine Bewegtbildgenerierung vorzunehmen, sondern die geringen Änderungen des Bildinhalts von Einzelbild zu Einzelbild durch Übernahme dieser Bildteile zu nutzen. Zum anderen wird durch die Nutzung des Renderings von nicht-planen

Polygonzügen - ohne eine Definition einer Polygonfläche im Objektraum - ein sehr effektives Bilderzeugen möglich. Beim Rendering nicht-planer Polygonzüge werden photographische Komponenten über Rückprojektions-Verfahren direkt in die perspektivisch transformierten Polygonzüge in der Bildebene eingefügt. .

Anhand der praktischen Erprobung der Rendering-Verfahren in der vorgestellten Pilotanwendung konnte gezeigt werden, wie wenig rechenintensiv - bei gleichzeitig annehmbarer Bildqualität - die entwickelten Verfahren zur Erzeugung naturalistischer Computergraphiken sind. Der Rechenaufwand ist proportional zur Anzahl der Bildpunkte (Pixel) des generierten Bildes.

Mit der vorliegenden Arbeit konnte überdies ein Beitrag zur Integration von Methoden der *computergraphischen Bildgenerierung*, wie

> der perspektivischen Projektion von Objekten,
>
> der Visualisierung von dreidimensionalen Szenen,
>
> der einfachen Beleuchtungsmodellierung,

sowie Methoden der *ikonischen Bildverarbeitung*, wie

> der Akquisition von photographischen Bildelementen,
>
> den Bild-zu-Bild-Transformationen, und
>
> Texturmapping- und Filtering-Verfahren

geliefert werden. Die Rückorientierung auf die für eine "gute Darstellung" gegenüber dem menschlichen Betrachter unmittelbar nötigen Eigenschaften und Verfahren hat zu der Entwicklung von bildverarbeitungsorientierten Verfahren zur Generierung von naturalistischen Computergraphiken geführt.

6.2 Ausblick

Die in dieser Arbeit vorgestellten Verfahren könnten eine Weiterentwicklung in theoretischer und in praktisch-anwendungsbezogener Hinsicht erfahren.

In theoretischer Hinsicht wären drei Fragen von Interesse. Man könnte fragen, inwiefern eine *Rechnerarchitektur* im Hinblick auf eine möglichst effiziente Umsetzung der nicht-exakten perspektivischen Projektion zu konstruieren wäre. Ein solcher Rechner wäre in der Lage, lokale Transformationen im Bild direkt im Bildspeicher zu realisieren. Damit wären Approximationen von perspektivischen Transformationen nach einer Änderung des Beobachters effizient visualisierbar, ohne jeden Zugriff auf die allgemeinen Szenendaten, und ohne Aktivierung der regulären Visualisierungs-Pipeline. Ein solcher Bildspeicher müßte in der Lage sein, mehrere Kulissen gleichzeitig zu halten, welche gegeneinander transformiert werden könnten.

Eine zweite Frage betrifft die optimale *Speicherorganisation* für photographische Komponenten. Hier wären Ansätze von pyramidalen Bilddatenstrukturen, wie sie bereits bei [Will83] vorgeschlagen werden, von Nutzen. Damit wären dynamische

Anpassungen der für ein Bild aktuell benötigten Ortsauflösung einer photographischen Komponente möglich.

Die dritte Frage betrifft die *subjektive Bildwirkung* der nicht-exakten perspektivischen Projektion, welche in der vorliegenden Arbeit aus Aufwandsgründen lediglich in einer exemplarischen Anwendung studiert werden konnte. Der Einfluß besonders rascher Szenenwechsel auf die erforderliche Bildpräzision wäre eine interessante Fragestellung: Welche Folgerungen haben sehr schnelle Beobachteränderungen auf das zu generierende Bild? Sicherlich sind diese Anforderungen nicht über das gesamte Sehfeld des Menschen konstant, und zudem von Individuum zu Individuum verschieden. Versuchsreihen mit heterogenen Testpersonengruppen, sowie diversifizierte Bildbeispiele wären von Nutzen, da sie eine Klärung der subjektiv erforderlichen Präzision computergenerierter Bilder zum Ergebnis hätten, welche über die ersten Anhaltspunkte dieser Arbeit hinausginge.

Es kommen mehrere praktische Anwendungsgebiete der entwickelten Verfahren in Betracht. Man könnte an folgende Einsatzgebiete denken:

(1)   Die Konstruktion von Sichtsystemen für Flugzeug- und Fahrzeugsimulatoren

(2)   Visualisierung von architektonischen Projekten, auch in der Denkmalpflege

(3)   Allgemeine Visualisierungsaufgaben im Industrie-Design

Zu (1): Die in dieser Arbeit entwickelten Verfahren können im Rahmen der Konstruktion von Außensicht-Simulationssystemen für Flugzeug- und Fahrzeugsimulatoren genutzt werden.

Die Geometrie der Landschaft ist in topographischen Datenbanken - welche vor allem militärischen Anwendungen zur Verfügung stehen - verfügbar, oder sie kann naturgetreu von topographischen Karten mit Hilfe von Digitalisiertabletts abgenommen werden. Zur Modellierung der Geometrie der Landschaft bieten sich nicht-plane Polygone an. Der typische Bewuchs der Landschaft, entsprechend der herrschenden Jahreszeit, oder gar der Tageszeit, läßt sich idealerweise photographisch in der richtigen Farb- und Lichtstimmung gewinnen. Bestimmte Bebauung, z. B. eine Fabrikanlage, ist durch entsprechende photographische Luftaufnahmen für das Außensicht-Simulationssystem modellierbar. Techniken der photographischen Modellierung der Außensicht für Simulatoren werden von der Firma Evans & Sutherland bereits eingesetzt [EvSu90], jedoch anscheinend ohne die Modellierungsmöglichkeiten nicht-planer Polygone und die nicht-exakte perspektivische Projektion zu nutzen.

Die Datenbasis für das Außensicht-Simulationssystem läßt sich mit diesen Verfahren z. T. automatisch generieren, was für den Betrieb dieser Systeme einen großen Kostenvorteil darstellt.

Zu (2): Für die Visualisierung von architektonischen Objekten kann eine projektierte Geometrie für ein Gebäude direkt dem architektonischen CAD-System entnommen werden. Die für Gebäude zu verwendenden Materialien existieren bereits in der Realität an anderen Gebäuden und können abphotographiert werden. Der Einsatz von Texturen bietet sich an, welche unter verschiedenen Lichtbedingungen, wie verschiedenen Sonnenständen innerhalb der Tageszeit, oder unter verschiedenen Wetterbedingungen, photographiert wurden. Dieses Vorgehen erlaubt es, den Einfluß verschiedener Lichtverhältnisse auf das projektierte Gebäude am Computer zu simulieren.

Die Geometriedaten von denkmalpflegerisch zu betreuenden Gebäuden liegen oft als Vermessungsergebnis vor. Die Inneneinrichtungen, sowie die Verfassung, Schäden, Bemalung, etc. der Wände, können photographisch erfasst werden. Hier bietet sich der Einsatz der in dieser Arbeit dargestellten Verfahren an, um solche Photographien zusammen mit der vermessenen Geometrie zu visualisieren. Eine solche Darstellung ist sehr anschaulich für das zu untersuchende Gebäude.

Zu (3): Im Industrie-Design ist eine Anwendung der Verfahren dieser Arbeit denkbar, welche im Szenario der architektonischen Anwendung ähnelt. Die Geometrie von Objekten kann aus einer Datenbank oder einem CAD-System entnommen werden. So können z. B. im Automobil- oder im Textildesign die entworfenen Objekte mit Hilfe der Computergraphik einer vor der Produktion liegenden optischen Begutachtung unterzogen werden. Durch den Einsatz photographischer Komponenten, welche die Materialien, Oberflächen und Details der Objekte (z. B. ein bestimmtes Stoffmuster, einen bestimmten Autolack, ein Detail, wie Knöpfe, Türgriffe, etc.) darstellen, können naturalistische Visualisierungen der Objekte vorgenommen werden.

Aufgrund des geringen Rechenaufwandes pro Bild und des z. T. sehr guten visuellen Eindrucks werden die in dieser Arbeit vorgestellten Verfahren mit Sicherheit eine weitere Nutzung und weitere Verbreitung erfahren.

Anhänge A bis E

Anhang

A Beispiele zur Bewegtbildgenerierung unter Einbezug des Kalküls der nicht-exakten perspektivischen Projektion

Eine praktische Erprobung der Resultate 3.2 bis 3.6 aus Kapitel 3 für die Generierung von Bewegtbildern wurde von M. Siems [Siem89] vorgenommen. Siems erprobte das Kalkül der nicht-exakten perspektivischen Projektion an fünf Szenen, dabei wurde von folgenden Vorgaben ausgegangen:

(1) Die Fehlertoleranz ε wurde zu $\varepsilon = 0{,}01$ gewählt. Die Toleranz wird relativ zur endlichen Bildebene I'

$$I' = \left\{ (x,y,z) \in R^3 \;\middle|\; z{=}1 \;\text{ und }\; -1{\leq}x{\leq}1 \;\text{ und }\; -1{\leq}y{\leq}1 \right\}$$

gemessen, welche 4 Flächeneinheiten umfasst. Die Toleranz von $\varepsilon = 0{,}01$ entspricht, z. B. bei einem Fernsehbild mit 576 sichtbaren Zeilen, ca. 1 "Pixel".

(2) In jeder Szene gab es 6 Objekte (polygonal approximierte Kugeln mit einem Durchmesser von 10 Einheiten), welche jeweils aus 900 Polygonen modelliert waren.

(3) Jede errechnete Bewegtbildsequenz bestand aus 24 Einzelbildern.

Die Rechenzeit T_{ges} nach traditioneller Methode ist bestimmt mit

$$T_{ges} = m \times n \times T_{obj} \quad ,$$

wobei

    m : Anzahl der Einzelbilder; hier: $m = 24$,

    n : Anzahl der Objekte; hier: $n = 6$,

    T_{obj} : Rechenzeit für das Rendering eines einzelnen Objekts; hier: $T_{obj} = 48$ sec.

Der Wert T_{obj} wurde von Siems als Erfahrungswert gewonnen: dies ist die Zeit, die das Programm "scn_asmblr" der Fraunhofer-Arbeitsgruppe für Graphische Datenverarbeitung auf einer DIGITAL μVAX II benötigte, um eines der kugelförmigen Objekte zu rendern. Die Einsparung an Rechenzeit ist das Verhältnis zwischen T_{ges}

$$T_{ges} = 24 \times 6 \times 48 = 6912 \text{ Sek.}$$

und T_{neu}, der Rechenzeit nach der Methode der nicht-exakten perspektivischen Projektion,

$$T_{neu} = (\,(\,m{\times}n\,) - n_{npp}\,) \times T_{obj} + T_{npp} \qquad .$$

Hierbei ist T_{npp} die Rechenzeit, welche von dem erstellten Auswerteprogramm für das Kalkül der nicht-exakten perspektivischen Projektion verbraucht wird, und n_{npp} ist die Anzahl der *nicht* neu zu berechnenden Objekte.

In den fünf Beispielen werden Kamerafahrten (Beobachteränderungen) ausgewählt, anhand derer die jeweiligen Rechenzeiterspamisse aufgezeigt werden. Die Beispiele sind:

(1)   Eine Kamerafahrt entlang der x-Achse. Die Objekte liegen auf der z-Achse mit verschiedenen Abständen zum Nullpunkt.

(2)   Eine Kamerafahrt entlang der x-Achse. Die Objekte liegen in konstanter Entfernung zum Beobachter.

(3)   Aufbau wie in der 2. Sequenz, jedoch mit Objekten, die sich durchdringen.

(4)   Objekte sind im Hintergrund. Die Kamera fährt schräg auf die Objekte zu.

(5)   Einige Objekte sind im Hintergrund, andere bewegen sich im Vordergrund. Zwei Objekte durchdringen sich. Die Kamera fährt auf die Objekte zu.

Die Beispiele werden tabellarisch aufgezeigt:

A.1 Erstes Beispiel

Die Mittelpunkte der Objekte haben folgende Lage im Raum:

$O_1(0, 0, 5)$, $O_2(0, 0, 10)$, $O_3(0, 0, 20)$, $O_4(0, 0, 40)$, $O_5(0, 0, 80)$, $O_6(0, 0, 160)$.

Der Standort des Beobachters bewegt sich gleichmäßig auf der x-Achse von -12 bis 12. Der Blickpunkt bewegt sich so mit dem Standort, daß die Blickrichtung parallel zur z-Achse bleibt.

Aufwärtsrichtung: 0°, Öffnungswinkel: 45°.

Ergebnisse:

$n_{npp} = 56$, $T_{npp} = 213$ Sek.

$\Rightarrow T_{neu} = 4437$ Sek., das entspricht einer Einsparung von ca. 36%.

Nur 88 Objekte von insgesamt 144 müssen neu generiert werden. Die Objekte im Vordergrund ($z = 5$, $z = 10$, $z = 20$) werden immer neu generiert, die Objekte im Hintergrund ($z = 160$) werden nur einmal - am Anfang - neu generiert. Die Objekte bei $z = 40$ werden nach jedem 2. Bild, die Objekte bei $z = 80$ werden bei jedem 7. Bild neu generiert.

Die Szene konnte also in Streifen unterteilt werden, die mit unterschiedlicher Geschwindigkeit verschoben und in unterschiedlichen Abständen neu generiert werden.

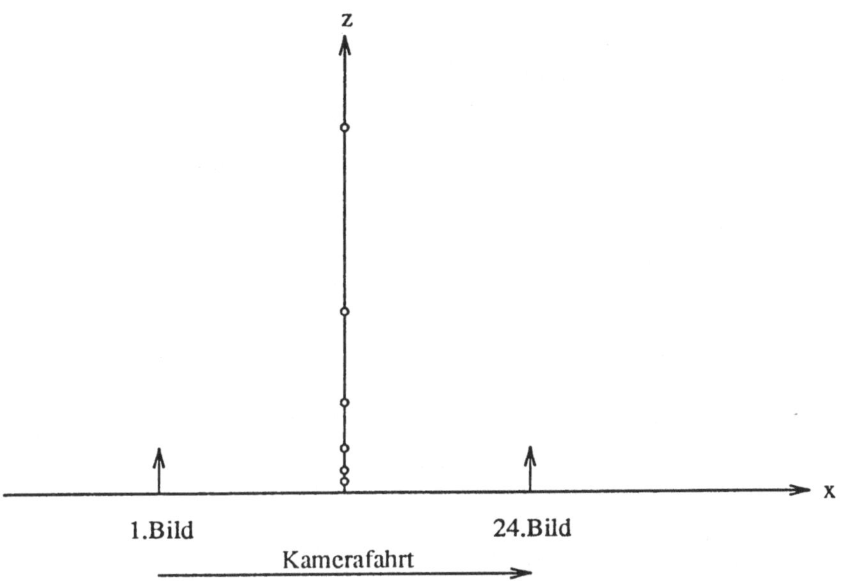

Abb. A.1. Illustration der Kamerafahrt des ersten Beispiels

A.2 Zweites Beispiel

Die Mittelpunkte der Objekte haben folgende Lage im Raum:

$O_1(-50, 0, 100)$, $O_2(-30, 0, 100)$, $O_3(-10, 0, 100)$, $O_4(10, 0, 100)$, $O_5(30, 0, 100)$, $O_6(50, 0, 100)$.

Der Standort des Beobachters bewegt sich gleichmäßig von $(-12,0,0)$ bis $(12,0,0)$. Der Blickpunkt bewegt sich so mit dem Standort, daß die Blickrichtung parallel zur z-Achse bleibt.

Aufwärtsrichtung: 0°, Öffnungswinkel: 45°.

Ergebnisse:

$n_{npp} = 126$, $T_{npp} = 211$ Sck.,

$=>T_{neu} = 1075$ Sck., das entspricht einer Einsparung von ca. 84%.

Hier werden die Objekte im Hintergrund plaziert. Jeweils nach 11 Bildern mußten die Objekte neu generiert werden. Dazwischen werden die Bilder der Objekte nur wie eine Kulisse verschoben.

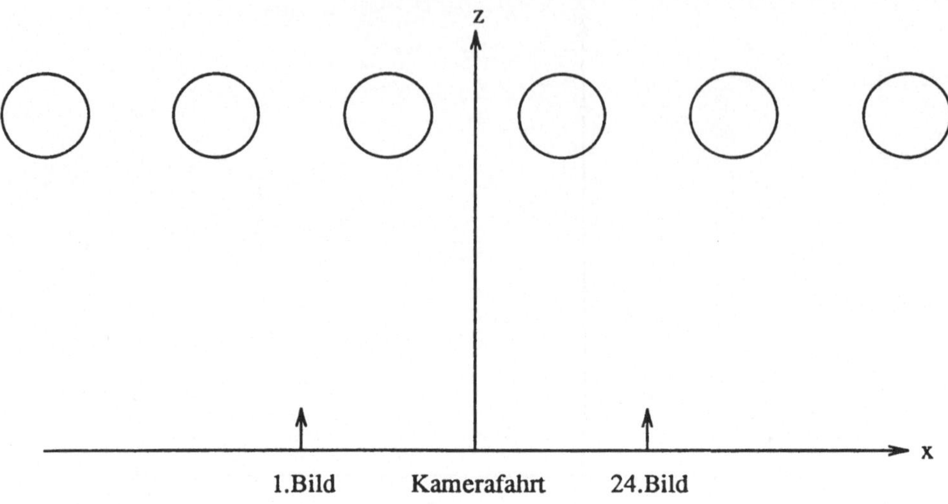

Abb. A.2. Illustration der Kamerafahrt des zweiten Beispiels

A.3 Drittes Beispiel

Die Mittelpunkte der Objekte haben folgende Lage im Raum:

$O_1(-40, 0, 100)$, $O_2(-30, 0, 100)$, $O_3(-5, 0, 100)$, $O_4(5, 0, 100)$, $O_5(30, 0, 100)$, $O_6(50, 0, 100)$.

Alle Objekte liegen in einer Linie parallel zur x-Achse im Abstand von 100 vom Nullpunkt. Es durchdringen sich zweimal jeweils zwei Objekte. Der Standort des Beobachters bewegt sich gleichmäßig auf der x-Achse von -12 bis 12. Der Blickpunkt bewegt sich so mit dem Standort, daß die Blickrichtung parallel zur z-Achse bleibt.

Aufwärtsrichtung: 0°, Öffnungswinkel: 45°.

Ergebnisse:

$n_{npp} = 56$, $T_{npp} = 213$ Sek.,

$=> T_{neu} = 4437$ Sek., das entspricht einer Einsparung von ca. 36%.

Die Objekte liegen im Hintergrund bei $z = 100$, jedoch durchdringen sich jeweils zwei Objekte. Die Kamera fährt gleichmäßig auf der x-Achse von -12 bis 12.

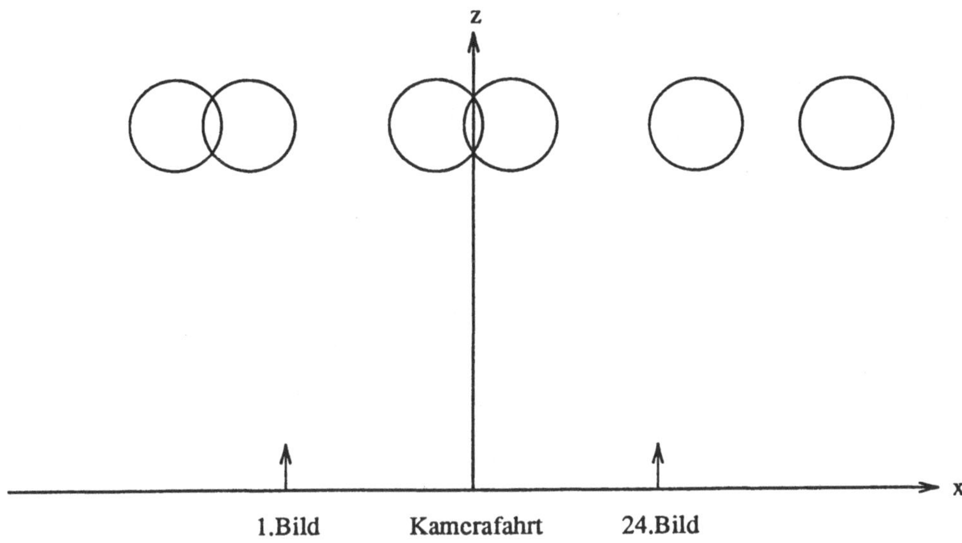

Abb. A.3. Illustration der Kamerafahrt des dritten Beispiels

Wie in der zweiten Sequenz müssen die Objekte nur jedes 11. Bild neu generiert werden. Die Tatsache, daß hier Bilder verschoben werden, auf denen zwei (sich durchdringende) Objekte abgebildet sind, beeinflussen die Einsparungen nicht.

A.4 Viertes Beispiel

Die Mittelpunkte der Objekte haben folgende Lage im Raum:

$O_1(-50, 0, 100)$, $O_2(-30, 0, 100)$, $O_3(-10, 0, 100)$, $O_4(10, 0, 100)$, $O_5(30, 0, 100)$, $O_6(50, 0, 100)$.

Der Standort des Beobachters bewegt sich gleichmäßig auf der x-Achse von (-12, 0, 0) bis (12, 23, 46). Der Blickpunkt bewegt sich so mit dem Standort, daß die Blickrichtung parallel zur z-Achse bleibt.

Aufwärtsrichtung: 0°, Öffnungswinkel: 45°.

Ergebnisse:

$n_{npp} = 94$, $T_{npp} = 219$ Sek.,

$=> T_{neu} = 2619$ Sek., das entspricht einer Einsparung von ca. 62%.

Die Objekte liegen im Hintergrund bei $z = 100$. Der Kamerastandort verändert sich vom 1. Bild bis zum 24. Bild in allen drei Koordinaten gleichzeitig. Durch Verschieben und Skalieren lassen sich die meisten Bilder herstellen.

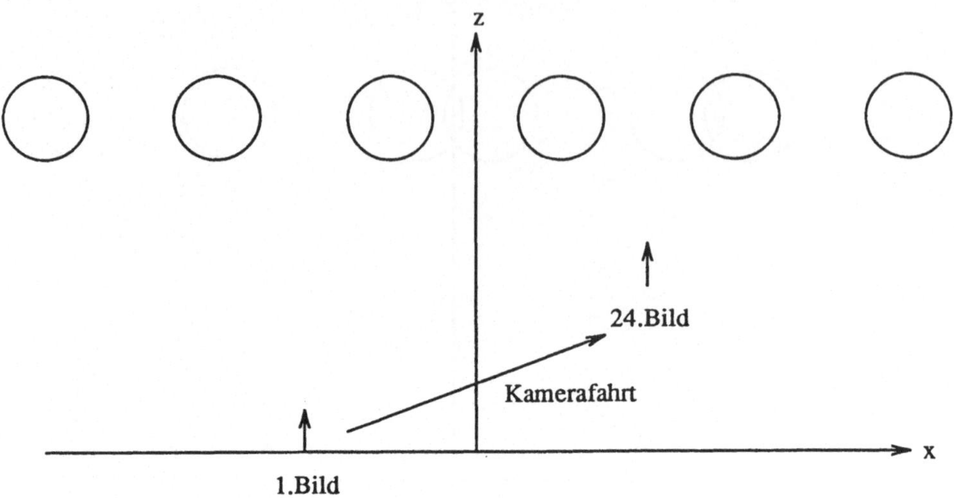

Abb. A.4. Illustration der Kamerafahrt des vierten Beispiels

A.5 Fünftes Beispiel

Die Mittelpunkte der Objekte bewegen sich folgendermaßen:

O_1 bewegt sich von (-20, 5, 100) nach (10, -5, 20), O_2 bleibt konstant auf (−15, 5, 200), O_3 bleibt konstant auf (-10, 5, 200), O_4 bleibt konstant auf (−12, 5, 150), O_5 bleibt konstant auf (0, 10, 150), O_6 bleibt konstant auf (0, 10, 140).

Der Standort des Beobachters bewegt sich gleichmäßig auf der x-Achse von (−12, 0, 0) bis (0, 15, 20). Der Blickpunkt bewegt sich so mit dem Standort, daß die Blickrichtung parallel zur z-Achse bleibt.

Aufwärtsrichtung: 0°, Öffnungswinkel: 45°.

Ergebnisse:

$n_{npp} = 79$, $T_{npp} = 213$ Sck.,

$=> T_{neu} = 3333$ Sck., das entspricht einer Einsparung von ca. 51%.

In dieser Sequenz bewegt sich ein Objekt im Vordergrund, während die anderen den Hintergrund bilden. Die Kamera bewegt sich auf die Objekte zu und verändert ihren Standort dabei auch in x und y. Durch eine Kombination aus zwei-dimensionalen Translationen und Skalierungen konnte über die Hälfte der Bilder generiert werden, ohne neue perspektivische Transformationen vornehmen zu müssen.

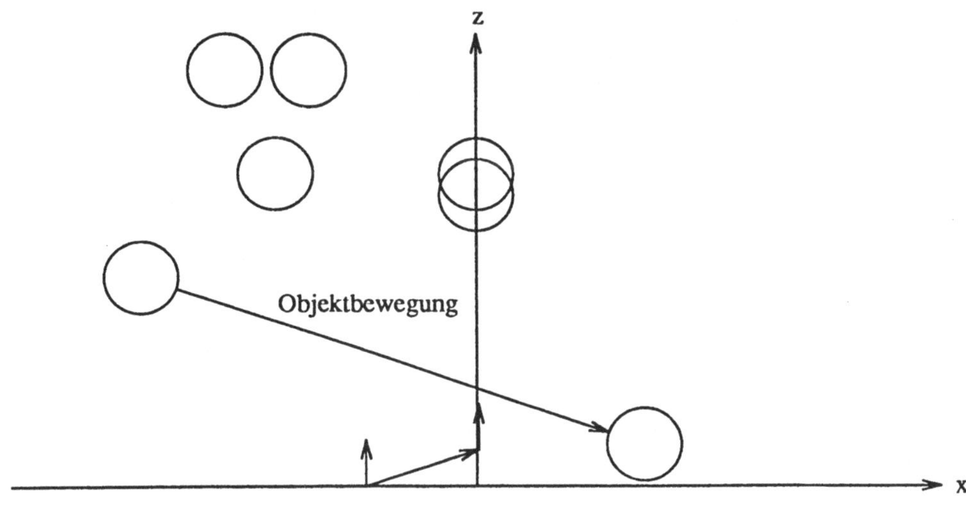

Abb. A.5. Illustration der Kamerafahrt des fünften Beispiels

A.6 Zusammenfassung

Faßt man die Beispiele in einer Liste zusammen,

    Beispiel 1: Einsparung: 36%
    Beispiel 2: Einsparung: 84%
    Beispiel 3: Einsparung: 36%
    Beispiel 4: Einsparung: 62%
    Beispiel 5: Einsparung: 51%

so fallen die erzielten Einsparungen rein zahlenmäßig als durchaus erwähnenswert auf. Man kann aufgrund der quantitativen Ergebnisse feststellen, daß das entwickelte Kalkül ein großes Potential an Rechenzeiteinsparungen für die Bewegtbildgenerierung darstellt.

Anhang

B Zwei Hilfsverfahren zur Zuordnung polygonaler Daten zu photographischen Komponenten

In Anhang B werden zwei Hilfsverfahren zur Zuordnung polygonaler Daten zu photographischen Komponenten dargestellt. Das erste Verfahren - in Kapitel B.1 - behandelt einen interaktiven Algorithmus zur Zuordnung vorgegebener (gemessener) polygonaler Daten zu diskreten Bildern. Das zweite Verfahren - in Kapitel B.2 - behandelt die Objektselektion in diskreten Bildern. Ziel der Objektselektion ist die Definition eines Polygonzuges, welcher ein selektiertes Objekt im Bild umschließt.

B.1 Hilfsverfahren 1: Zuordnung polygonaler Daten zu diskreten Bildern

Für die Einfügung photographischer Komponenten in Polygonzüge zur Visualisierung dreidimensionaler Szenen ist die Zuordnung von im Raum definierten Polygonen zu digitalisierten Photographien wesentlich. Die Aufgabe, welche sich im Kontext des Renderings nicht-planer Polygonzüge unmittelbar stellt, läßt sich wie folgt formulieren: Gegeben seien im R^3 definierte Polygone P:

$$P = (P_1, P_2, \cdots, P_n) \qquad \text{und:} \qquad P_i \in R^3 .$$

In den als digitalisierte Photographien gegebenen photographischen Komponenten sind nun im Zweidimensionalen definierte Polygonzüge S mit

$$S = (S_1, S_2, \cdots, S_n) \qquad \text{und:} \qquad S_i \in R^2$$

zu bestimmen, so daß eine Korrespondenz von P mit S punkt-paarweise hergestellt werden kann:

$$(S, P) = \left[(P_1, S_1), (P_2, S_2), \cdots, (P_n, S_n) \right]$$

Auf dieser Korrespondenz (S, P) setzen die in Kapitel 4 beschriebenen Mapping-Verfahren auf.

Photographische Komponenten können in drei Kategorien, nämlich lageinvariante, lagetolerante und lageintolerante, eingeteilt werden. Diese Einteilung erweist sich beim Entwurf eines Verfahrens zur Definition obiger Korrespondenz (S, P) als zweckmäßig. In Abb. B.1 wird jeweils ein Beispiel für die drei Texturarten dargestellt. Je nach Art der Textur werden verschiedene Verfahren zur Bestimmung der Korrespondenz (S, P) angewendet.

Abb. B.1. Einteilung gegebener photographischer Komponenten in drei Texturklassen. Links: Lageinvariante Textur, als Beispiel eine Wandputz-Textur. Mitte: Lagetolerante Textur, als Beispiel eine Holzdecke. Rechts: Lageintolerante Textur, als Beispiel eine komplexe Komponente zur Modellierung einer Innenwand

B.1.1 Lageinvariante Texturen

Bei den lageinvarianten Texturen ist die Relation (S, P) trivial bestimmbar, da die absolute Größe oder ein genaues Einpassen in ein Polygon ohne Relevanz für die Bildwirkung sind.

Da diese Texturen bezüglich der Skalierung invariant sind, gleichen sie einigen selbstähnlichen, fraktalen, algorithmisch generierten Texturen. (Allerdings sind - bei an sich gleicher Bildwirkung - photographische Texturen mit einem bei weitem geringeren Rechenaufwand verfügbar.)

Bei dieser Texturart ist (S, P) einfach automatisch bestimmbar. Das Polygon **P** wird mittels der perspektivischen Transformation τ so in den R^2 (die Bildebene) transformiert, daß der Normalenvektor des Polygons senkrecht auf der Bildebene steht. - Zum "Normalenvektor" eines nicht ebenen Polygons siehe Kapitel 4.

Die Punkte des transformierten Polygons $\tau(P)$ werden von einer rechteckigen Min-Max-Box eingeschlossen, welche wiederum auf der Texturebene plaziert wird; siehe hierzu Abb. B.2.

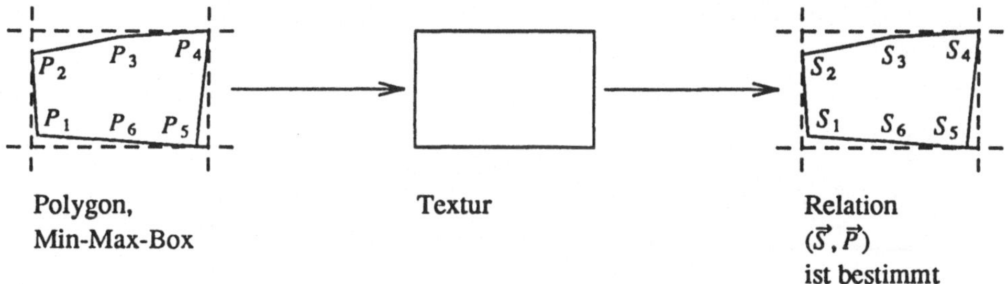

Abb. B.2. Schematische Darstellung für das Verfahren für lageinvariante Texturen

Allen Verfahren zur Bestimmung der Relation (S, P) ist gemeinsam, daß die Rasterbildkoordinaten der Texturpunkte, auf welchen die P_i liegen, im Bildspeicher bestimmt werden. Diese sind, indexweise korrespondierend, gerade die S_i. Damit ist (S, P) bestimmt.

B.1.2 Lagetolerante Texturen

Bei den lagetoleranten Texturen sind die Größe und die Ausrichtung zwar nicht vernachlässigbar, aber so flexibel, daß zur Spezifikation der Relation (S, P) die Angabe zweier Basisvektorenpaare genügt, womit die Relation zweier Ebenen definiert ist. Die lagetoleranten Texturen zeigen zwar Strukturen, diese müssen jedoch nicht exakt in ein Polygon eingepaßt werden. Beim Verfahren für lagetolerante Texturen wird das Polygon P wiederum mittels perspektivischer Transformation τ auf die Bildebene abgebildet. Ein einfaches interaktives Programm ermöglicht es, auf $\tau(P)$ lineare Abbildungen anzuwenden. Das Polygon kann über der Textur gedreht und skaliert werden, solange, bis es nach Maßgabe der - subjektiven - Ansicht des Benutzers zu der Textur "paßt".

B.1.3 Lageintolerante Texturen

Photographische Komponenten, auf denen ein Objekt oder eine zu texturierende Oberfläche abgebildet ist, müssen aufgrund der Erkennbarkeit dieser Objekte paßgenau in Polygone eingefügt werden. Bei diesen Texturen ist an ein automatisches Finden der Relation (S, P) kaum zu denken.

Bei lageintoleranten Texturen kommt daher ebenfalls ein interaktives Verfahren zum Einsatz. Es wird von der Annahme ausgegangen, daß die Photographie, die die Textur zeigt, eine Abbildung des real existierenden Gegenstandes ist, von welchem via Vermessung die Geometriedaten des fraglichen Polygons P stammen. Deshalb

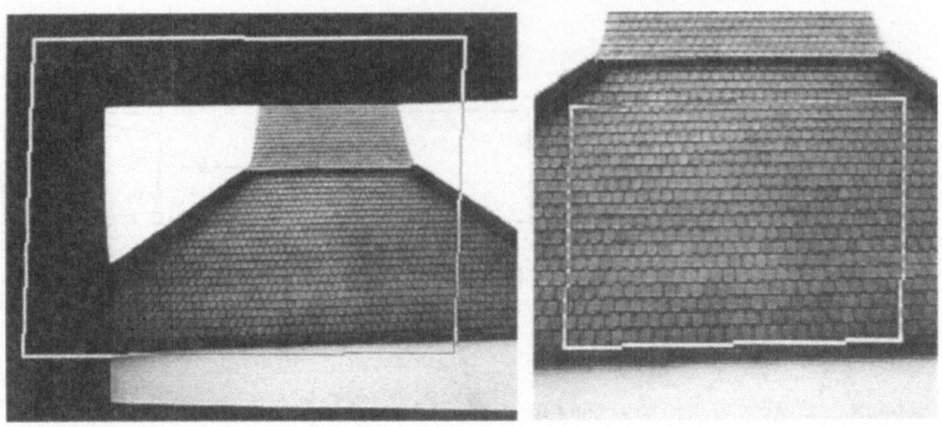

Abb. B.3. Illustration des Verfahrens für lagetolerante Texturen durch ein Beispiel. Links: Initiale Lage des Polygons auf der Textur. Rechts: Das Polygon ist durch entsprechende Benutzer-Interaktion richtig auf der Textur plaziert worden.

wird - unter Vernachlässigung etwaiger minimaler Abbildungsfehler des verwendeten photographischen Objektivs - weiter davon ausgegangen, daß die Photographie *ein* $\tau(P)$ zeigt, und deshalb die gesuchte Relation (S, P) existiert.

Mit einem interaktiven Programm werden die unbekannten Parameter der Perspektive der photographischen Komponente bestimmt. Dies geschieht gemäß dem in Abb. B.4 dargestellten Flußdiagramm.

Wie in den vorigen Unterkapiteln wird die Textur und die perspektivische Projektion des Polygons auf dem Bildschirm angezeigt. Nun werden iterativ, durch die Operationen

(1)   Rotation um die x-, y- und z-Achse, welche durch den Polygonmittelpunkt geht,

(2)   Translation in x-, y- und z-Richtung,

(3)   Skalierung des Polygons bezüglich der x- und der y-Richtung,

(4)   Änderung des Blickwinkels der Transformation τ

die Parameter der Perspektive der photographischen Aufnahme bestimmt. Wenn bei der Aufnahme die Blickrichtung einigermaßen senkrecht zum Polygon gewählt worden ist, ist die Zuordnung mit wenigen Interaktionsschritten definierbar.

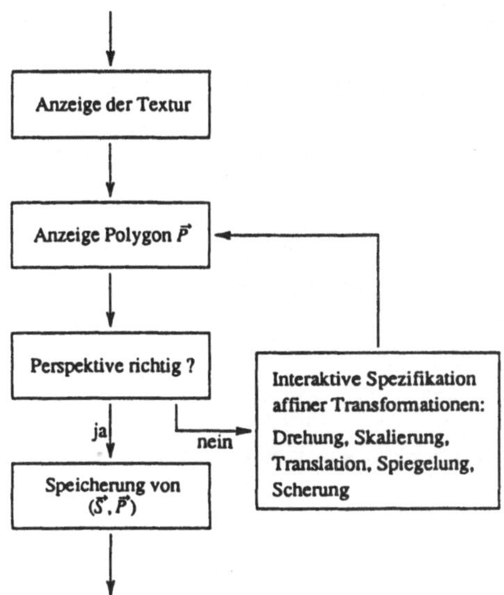

Abb. B.4. Flußdiagramm für das Verfahren der Zuordnung polygonaler Daten zu lageintoleranten Texturen

B.2 Hilfsverfahren 2: Objektselektion in diskreten Bildern

Die Objektselektion in gespeicherten diskreten Bildern ist ein wichtiger Teil der Verfahren für die Generierung naturgetreuer Computergraphiken, da sich so die Möglichkeiten der Verarbeitung von Teilen diskreter Bilder zu neuen diskreten Bildern erweitern [Hild89; HoHi89]. Selektierte Teilbilder können in Form von "Kulissen" für die Modellierung von Szenen gebraucht werden. Für die Selektion von Objekten in diskreten Bildern bieten sich die folgenden Lösungen an:

(1) Vollmanuelle, graphisch-interaktive Verfahren,

(2) Vollautomatische Verfahren, und

(3) Halbautomatische Verfahren.

B2.1 Vollmanuelle, graphisch-interaktive Verfahren

Diese Verfahren funktionieren derart, daß der Bediener des Programms mit Hilfe eines Eingabegerätes (z. B. einer *mouse*) eine polygonale Umgrenzung des zu selektierenden Teils des diskreten Bildes angibt. Das Teilbild innerhalb des so spezifizierten geschlossenen Polygonzugs steht zur Weiterverarbeitung zur Verfügung.

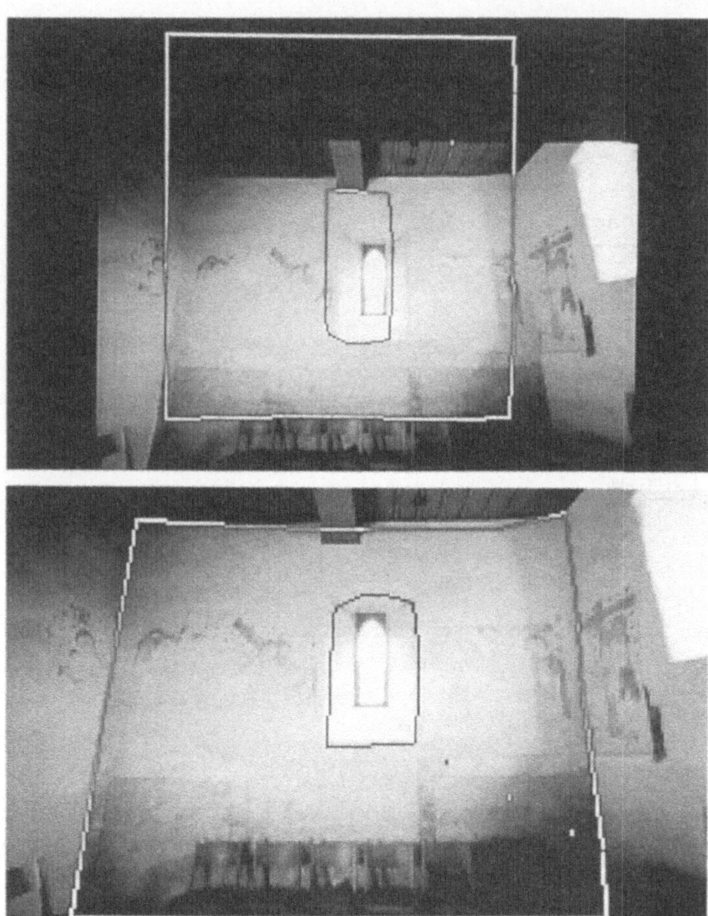

Abb. B.5. Illustration des Verfahrens für die Zuordnung polygonaler Daten zu lageintoleranten Texturen durch ein Beispiel

Solche Verfahren sind einfach zu implementieren, jedoch praktisch unbrauchbar. Der Bediener ist überfordert, die Umrandungen von natürlichen Objekten wie Wolken, Baumkronen, etc. zu definieren, da die entsprechenden Polygonzüge aus sehr vielen - u. U. Hunderten bis Tausenden - Stützpunkten bestehen.

Das in solchen Fällen geforderte Nachziehen natürlicher Konturen von Hand gelingt nicht. Die Folge sind unnatürliche, nicht akzeptierbare Objektselektionen.

B.2.2 Vollautomatische Verfahren

Die Selektion eines Objekts in einem diskreten Bild ist eine Segmentierungsaufgabe. "Die automatische Segmentierung von Bildern durch einen Computer ist eine zentrale Aufgabe der digitalen Bildverarbeitung. (...) Grundsätzlich kann man die Aufgabe der Segmentierung mit Hilfe von flächenorientierten oder konturorientierten Verfahren lösen. Während erstere von Flächen gleichen Grauwertes, gleicher Farbe, oder gleicher Textur ausgehen, benutzen letztere den Gradienten der Grauwerte, um die Konturen von Objekten zu extrahieren. (...) Für jeden Anwendungsfall muß derzeit eine individuelle Lösung gefunden werden.", schreiben Bässmann und Besslich [BäBe89, S. v-vi]. Vollautomatische Verfahren arbeiten mit einem umfangreichen Instrumentarium der Eingabe (der programmiersprachenähnlichen Beschreibung zu selektierender Objekte) und mit Methoden der Künstlichen Intelligenz, da spezielle Objekte erst aufgrund profunder Lernerfahrung erkennbar werden. Vollautomatische Verfahren müssen die Vorgänge im visuellen System des Menschen simulieren, welche z. T. noch Gegenstand der physiologischen Forschung sind [Seel88; EnGi89, S. 14].

B.2.3 Halbautomatische Verfahren

Halbautomatische Verfahren [Hild89; HoHi89] erscheinen vorteilhaft, da sie einen Eingriff des Benutzers (Interaktion) überall da nutzen können,

(1)   wo das Objekt als solches erst einmal erkannt und bestimmt werden muß,

(2)   wo, in allen Zweifelsfällen, mit algorithmisch einfachen Methoden das vom Benutzer "Gemeinte" nicht immer nachvollzogen werden kann,

(3)   wo der Bediener durch einfache und schnelle Methoden der Bildanalyse bei Routinearbeiten der Konturdefinition unterstützt werden kann.

Zu (1): Der Benutzer identifiziert das Objekt im Bild und grenzt es grob durch einen Polygonzug ein. Dazu ein Beispiel in Abb. B.7. Der Benutzer ist an einer Bildkomponente interessiert, welche den Leuchtturm zeigt. Der Benutzer hat das Objekt im Bild identifiziert und mit einer groben polygonalen Umrandung eingegrenzt.

Zu (2): Untersuchungen des visuellen Systems des Menschen ergaben (nach [Korn82; Gilc; Marr79]), daß das Reizübertragungsverhalten von Sinneszellen innerhalb der Retina, als Reaktion auf Helligkeits-, bzw. Farbdiskontinuitäten, vergleichbar ist mit einer lokalen Faltung. Gradienten-Operatoren stellen eine Approximation der partiellen Richtungsableitungen dar. Diese simulieren die Eigenschaft des visuellen Systems, im Gesichtsfeld Helligkeitsunterschiede zu erkennen.

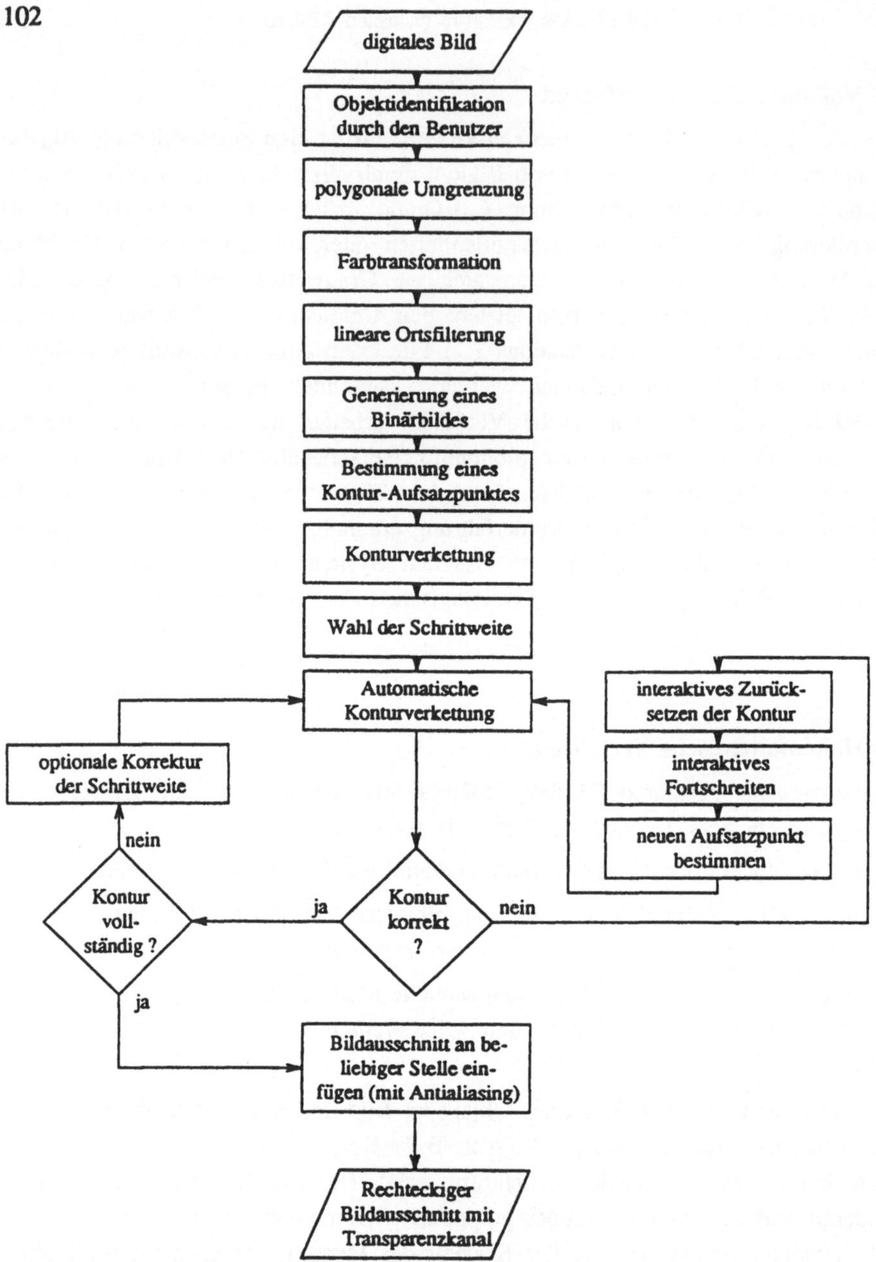

Abb. B.6. Flußdiagramm des halbautomatischen Verfahrens zur Objektselektion

Angewendet auf einen Bildausschnitt liefern solche Operatoren innerhalb homogener Bereiche einen Wert nahe Null, wohingegen bei einem Wechsel des Farb- bzw. Grauwertes signifikante Werte größer oder kleiner als Null auftreten.

Abb. B.7. Ein Objekt ist per Umrandung interaktiv identifiziert und markiert

Der Betrag und die Richtung des approximierten Gradienten werden berechnet zu:

$$\left|\frac{df}{dxy}\right| = \left[(\frac{df}{dx})^2 + (\frac{df}{dy})^2\right]^{\frac{1}{2}} \quad \text{und} \quad \Phi(\frac{df}{dxy}) = \arctan\left(\frac{\frac{df}{dx}}{\frac{df}{dy}}\right)$$

Der Gradient wird in Betrag und Richtung mit Hilfe des aus der allgemeinen Literatur (z. B. in [Jähn89, S. 109]) bekannten Sobel-Operators berechnet. Im vorgegebenen, in drei Farbauszügen digitalisierten, Farbbild wird nur die Luminanz-Komponente nach Maßgabe des L*a*b*-Farbmodells [Adam81; DIN5033; DIN6174] zur Berechnung des Gradienten verwendet. Der Benutzer bestimmt interaktiv einen Konturaufsatzpunkt, d. h. er markiert einen Punkt auf der als solche erkannten äußeren Kontur des Objektes. Ein solches Vorgehen ist notwendig, damit innerhalb des Ausschnitts das richtige Objekt (es könnten mehrere Objekte innerhalb eines Ausschnitts liegen) selektiert wird. Da die Konturbestimmung allein aufgrund von Farbdiskontinuitäten erfolgt, existiert keine sonstige Information außer dieser Benutzereingabe über die Lage der äußeren Kontur. Ein automatisch gewählter Aufsatzpunkt könnte zu einer inneren Kante des Objekts oder zu einem fremden Objekt gehören.

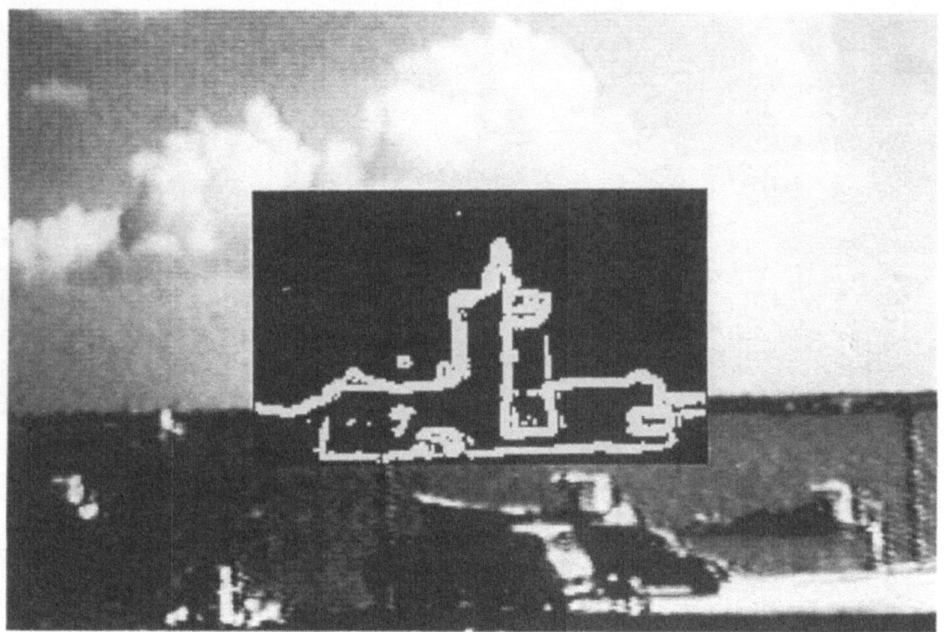

Abb. B.8. Mittels eines Gradienten-Operators (Sobel-Operator) erkannte Konturen

Zu (3): Bei der Konturverkettung werden automatische und graphisch-interaktive
Methoden kombiniert. Die automatische Konturverkettung erfolgt entsprechend der
aus der lokalen Faltung des Bildausschnitts gewonnenen Resultate. Beim Verket-
tungsprozeß werden Betrag und Richtung des Gradienten-Operators verwendet. Die
ermittelte Richtung gibt die Orientierung der Farbdiskontinuität an, d. h. der
zugehörige Vektor steht senkrecht auf der Objektkontur. Dreht man diesen um 90°,
so ist er tangential zur Kontur. Ausgehend vom interaktiv markierten Konturaufsatzpunkt wird nun in Abhängigkeit von der Richtungsinformation ein Nachbarpunkt
aus der 8-er Nachbarschaft des aktuellen Punktes ermittelt. Hierzu wird die Richtungsinformation entsprechend der Lage in einem von acht festgelegten Bereichen bewertet.
Hat z. B. der aktuelle Punkt einen Richtungswert von 75°, so wird zuerst der über
ihm liegende Nachbar hinsichtlich seines Betrags untersucht und im Anschluß die
linken und rechten Nachbarn oberhalb des aktuellen Punktes. Der Nachbar mit dem
größten Gradientenbetrag wird mit dem aktuellen Punkt verbunden, usw. Das hier
eingesetzte Verfahren [Hild89; HiHo89] macht eine weitere Konturausdünnung
überflüssig.

Ist an einer Stelle im Bild die äußere Kontur des Objekts bezüglich des Gradien-
tenbetrages einer in das Objekt hinein- oder hinauslaufenden Kontur untergeordnet, so
läuft das automatische Verfahren notwendig falsch, und der Benutzer muß interaktiv

Abb. B.9. Die automatische Konturverkettung verfolgt eine falsche Kontur

korrigierend eingreifen. Er hat nun die Möglichkeit, die Kontur bis zur Verzweigungsstelle zurückzusetzen. Anschließend gibt er einen neuen Konturaufsatzpunkt ein, von welchem aus das Verfahren fortfährt.

Ausgehend von dem interaktiv bestimmten Konturaufsatzpunkt erfolgt die Konturverkettung. Läuft das automatische Verfahren verkehrt, weil eine starke Kontur in das Objektinnere führt, setzt der Benutzer die automatisch erkannte Kontur ein Stück zurück und führt anschließend die Kontur interaktiv "von Hand" ein hinreichend langes Stück weiter.

In Abb. B.10 ist die gesamte, das Objekt umschließende Kontur erkannt. Insgesamt waren bei diesem Beispiel fünf interaktive Eingriffe des Benutzers notwendig. Die gefundene Umgrenzung des Objekts besteht aus ca. 85 einzelnen Geradenstücken.

Abb. B.10. Interaktive Konturkorrektur und Komplettierung des Polygonzugs

B.2.4 Weiterverarbeitung des gewonnenen diskreten Teilbildes

Nachdem die umschließende Kontur vollständig bestimmt worden ist, kann der Bildausschnitt extrahiert und mit dem entsprechenden Transparenzanteil gespeichert werden. Das Teilbild kann in andere diskrete Bilder eingefügt werden. Durch eine lokale
Filterung entlang der Einfügekante wird das Aliasing reduziert. Das gefundene
Objekt kann nach Maßgabe affiner Transformationen weiterverarbeitet werden.

Der Aufwand der Objektselektion verringert sich mit dem hier dargestellten halbautomatischen Verfahren erheblich gegenüber dem manuellen polygonalen Ausschnei-
den. In Anhang D wird ein weiteres Beispiel der Nutzung des Verfahrens angegeben
und in einer exemplarischen Anwendung vorgestellt.

Anhang
C Zur Geometrie der Kirche von Rai-Breitenbach

Der Text in Anhang C ist bereits in [GeEH89] vollständig enthalten. Dem interessierten Leser werden mit diesem Text die Untersuchungen zur geometrischen Gestalt der Kirche von Rai-Breitenbach mitgeteilt. Mit diesen Untersuchungen wurde kein technischer Beitrag zu den in den sonstigen Teilen dieser Arbeit dargelegten Verfahren zur Generierung naturgetreuer Computergraphiken geleistet; jedoch stellt der Anhang C einen wesentlichen Aspekt der in Kapitel 5 beschriebenen exemplarischen Visualisierung dar.

C.1 Das Interesse für Rai-Breitenbachs Kirche

Die Kirche in Rai-Breitenbach zeichnet sich in ihrem Erscheinungbild durch Ursprünglichkeit und Unkompliziertheit aus, die durch die Renovierung der Jahre 1986-1987 noch klarer geworden ist. Denn bei der Renovierung wurde u.a. der Chorbogen von der anlehnenden Kanzel befreit. Der Chorraum mit seinen restaurierten Fresken ist nun wieder sehr gut vom Kirchenschiff aus einsehbar. Allerdings wurde dadurch auch besonders deutlich, daß der Altar nicht in der Mittelachse der Kirche steht. So entstand - nach einer Auskunft von Pfr. Thomas Geibel, Neustadt (1987) - während der Renovierung die Forderung, den alten Altar der Rai-Breitenbacher Kirche abzureißen, da er schief und unsymmetrisch sei, was nur ein Versehen oder ein handwerklicher Mangel früherer Jahrhunderte sein könne. Dies gelte es nunmehr zu korrigieren: Der alte Altar müsse durch ein neues, gerades, rechtwinkliges Exemplar ersetzt werden. Diese Forderung von Seiten einiger Kirchenbesucher muß abwegig erscheinen, wenn nicht die Frage geklärt ist: Warum steht der Altar schief in der Kirche?

Im Zusammenhang dieser Frage und aus bereits abgeschlossenen Vorarbeiten heraus entstand so ein Interesse für die geometrische Gestalt der Kirche von Rai-Breitenbach. Diese Vorarbeiten sind geprägt von interdisziplinären Fragestellungen und unkonventionellen Vorgehensweisen. Beispielsweise konnte so 1986 die mathematische Untersuchung eines Gemäldes von Raffael zur Erklärung dessen perspektivischen Aufbaus und der Bildwirkung entscheidend beitragen [MaKH87]. Diese Methoden der mathematischen und geometrischen Untersuchung sollten auch auf die Kirche von Rai-Breitenbach anwendbar sein.

C.2: Erste Messungen und Ergebnisse

Erste Messungen mit einem Maßband an der Rai-Breitenbacher Kirche brachten schon Erstaunlichkeiten zutage. So wurde festgestellt, daß der Grundriß der Kirche in dem Sinn in ein doppeltes Quadrat paßt, daß sie doppelt so lang wie breit ist, und das bis auf den Zentimeter genau: die Kirche ist 824 cm breit und 1648 cm lang. Im Innern der Kirche ist es ferner so, daß der Chorbogen, vom Chorraum aus gesehen, ebenfalls in ein Quadrat paßt, welches vom Kämpfersims horizontal halbiert wird. Währenddem kann dem halbkreisförmigen Bogen ein rechtwinkliges, gleichschenkliges Dreieck einbeschrieben werden; vergl. Abb. C.7. Das Quadrat als ein regelmäßiges Viereck muß mit Absicht dem Gebäude zugrunde gelegt worden sein. Der Widerspruch zwischen diesen klaren geometrischen Formen und der Schiefstellung des Altars legten hier genauere Untersuchungen der geometrischen Verhältnisse nahe.

C.3 Genauere Messungen und Symmetrien

Um die Bausubstanz der Rai-Breitenbacher Kirche besser untersuchen zu können, wurde eine Bauaufnahme durchgeführt. Diese Vermessungen wurden im Wintersemester 1987/1988 im Rahmen eines Seminars vorgenommen, dessen Thema die Vermessung und insbesondere die computergraphische Visualisierung der Rai-Breitenbacher Kirche war. Das Seminar wurde am Fachgebiet GRIS (Graphisch-interaktive Systeme) der Technischen Hochschule Darmstadt unter der Leitung von Prof. Dr. J.L. Encarnação, Dipl.-Inform. E. Klement und des Autors durchgeführt. Vermessen worden ist die "Bausubstanz", d.h. das Gebäude ohne die Inneneinrichtung. Nicht mit vermessen wurden außerdem das sogenannte "Organistenfenster", ein Fensterdurchbruch zur Beleuchtung der Orgel und der Empore, der erst aus neuerer Zeit stammt, und der "Glockenturm", eine reine Balkenkonstruktion, die als Dachreiter konstruiert worden ist. Das Resultat der Vermessung ist in den Abb. C.1 bis C.5 dokumentiert. Im Grundriß der Kirche sind verschiedene Symmetrien und Richtungen erkennbar und eingezeichnet. Die durchgezogene Linie mit dem Pfeil gibt die Ostrichtung an. Man sieht, daß die Linie der Verbindung der Altarmitte mit der Mitte des Ostfensters exakt der Richtung nach Osten entspricht. Das Kirchenschiff selbst zeigt nicht nach Osten, sondern vielmehr nach Nord-Osten; die durchgezogene Linie der Symmetrieachse des Kirchenschiffs bildet zur Ostrichtung einen Winkel von ca. 8°. Während die Altarmitte nördlich von dieser Symmetrieachse des Kirchenschiffs liegt, liegen die Symmetrieachsen des Chorbogens und des Ostfensters südlich derselben. Die Ostung der Altar-Fenster-Richtung paßt also nicht zur Hauptrichtung der restlichen Kirche.

Darum ist jeder Versuch, heute einen "geraden" und symmetrisch zu Kirchenschiff *und* Chorraum passenden Altar zu konstruieren, zum Scheitern verurteilt. Die Unstimmigkeiten zwischen Schiff und Chorraum lassen sich aber dadurch erklären, daß der Chorraum in früherer Zeit verändert worden ist. Über dessen frühere Form und Aussehen können wir sogar etwas sagen und vermuten.

C.4 Mit dem Zentimetermaß um den Altar

Es fällt auf, daß die Profilierung der Altarplatte nicht umlaufend ebenmäßig ist. Vielmehr ist es so, daß die Westkante der Altarplatte eine vollständige Profilierung aufweist, die Nordkante scheint hingegen leicht abgeschrägt worden zu sein. Somit ist die Altarplatte heute ein Parallelogramm, sie besitzt in ihren Ecken keine rechten Winkel. Die Ostkante ist *sehr grob behauen* und scheint von Anfang an ohne jede Profilierung gewesen zu sein, da sie früher einmal *eingemauert* gewesen ist, worauf auch die Putzreste auf der Ostkante und das Fehlen ältester Farbschichten an dieser Altarseite hindeuten. Die Südkante der Altarplatte zeigt wieder deutliche Bearbeitungsspuren: Hier ist der Altar wohl um ein Stück *verkürzt* worden, die Profilierung scheint abgehauen oder abgesägt worden zu sein; vergl. die Abb. C.10 und C.11. Es stellt sich somit die Frage, wie der Altar und die Altarplatte vor diesen Bearbeitungen ausgesehen haben kann. Auf Abb. C.5 ist die Altarplatte nach Maßgabe der Symmetrieachse des Kirchenschiffs ergänzt. Dies ist die Anfügung mit punktierten Linien an der Südseite des Altars. Mit dieser Anfügung wäre der Altar mittig zum Kirchenschiff plaziert. Wenn die Altarplatte ursprünglich so aussah, hatte sie eine Abmessung von 83 cm mal 134 cm. Diese Seitenverhältnisse entsprechen dem Maßverhältnis des *Goldenen Schnitts*. D.h., daß das Verhältnis der Länge der kürzeren Seite zur Länge der längeren Seite das gleiche wie das Verhältnis der längeren Seite zur Summe beider Seiten ist. Dieses Seitenverhältnis des Goldenen Schnitts (grob ist dies ca. 5 zu 3) gilt seit der Antike als besonders ästhetisch. Es sind indes mehrere Altarplatten aus dem Frühmittelalter mit ähnlicher Abmessung bekannt (Kirchen der Wüstungen Hausen, Udenhausen, etc.). Sie alle standen ursprünglich mit der Ostseite an der Chorraummauer, bzw. war die Ostseite der Altarplatte eingemauert (siehe [RoWa84], S. 289-290).

Wir schließen aus diesen Indizien, daß

(1) der heutige Altar ursprünglich an seiner Ostseite mit einer Mauer verbunden war,

(2) der Altar ursprünglich größer war und verändert worden ist, und

(3) der Altar "alt" ist - sonst wäre er nicht verändert worden, sondern aus Anlaß eines Umbaus durch einen neuen Altar ersetzt worden.

Alle diese Veränderungen haben dazu gedient - da die Längsachse der Kirche nach Nord-Osten zeigt - wenigstens die Linie Altarmitte/Ostfenster nach Osten auszurichten. Diese Ausrichtung nach Osten (nach Jerusalem) war für mittelalterliche Kirchen aber sozusagen verbindlich, und wurde an der vormittelalterlichen Kirche von Rai-Breitenbach "nachgeholt". Dabei wurde die erforderliche Südverschiebung der Ostseite der Kirche optisch sehr geschickt auf eine jeweils assymmetrische Plazierung des Altars, des Ostfensters im Chorraum, des Chorraums gegenüber der Kirche und des Chorbogens gegenüber der Kirche verteilt.

C.5 Die Urkunde von 1498

Diese Veränderungen im Chorraum könnten nach der Zeit um 1498 entstanden sein, da eine Urkunde von 1498 erhalten ist, in welcher der damalige Graf von Wertheim zu Spenden für den Neubau eines Chorraums und eines Vorgehäuses (- *eynen Nuwen chore vnd fure gehewße* -) in Rai-Breitenbach aufruft, weil der alte baufällig (- *etzlicher maß bawfellig* -) geworden war; vergl. [GeEH89], S. 73ff. Während man sich unter einem Vorgehäuse wohl einen Vorbau *vor* der Kirche, in welchem der Taufstein stand, vorzustellen hat, kann es sich bei dem in der Urkunde erwähnten "neuen Chor" nur um den Neubau oder die Erweiterung des bisherigen Chorraums handeln. Wurde in einem solchen Vorgehäuse getauft, damit kein Ungetaufter die Kirche betrete? Vielleicht war dieses Vorgehäuse aus Holz ausgeführt und ist darum heute spurlos verschwunden? - Stand deshalb der Taufstein bis zur Renovierung der Kirche im Jahr 1928 vor der Kirche im Freien? - hier bleiben nur Spekulationen...

Die Frage ist daher, wie wohl die Kirche mit dem alten Chor, der damals baufällig geworden war, ausgesehen haben mag. Welche Form hatte dieser Vorgängerchorraum?

C.6 Hinweise auf dem Dachboden der Kirche

Bezüglich der Länge nehmen wir an, daß der Altar an der heutigen Stelle und zugleich an der Ostwand des vormaligen Chorraums stand und der Altar noch aus dem Vorgängerchorraum erhalten ist und zum (wie wir annehmen) ältesten Teil der Kirche, dem Kirchenschiff, gehört. Die Breite und die Höhe des Chorraums sind mithilfe auf dem Dachboden der Kirche aufgefundener Indizien erkennbar; siehe Abb. C.11. und C.12. Dort zeigt sich der Verlauf der alten Giebel von Kirchenschiff- und Chorraumdach. Nach diesen Befunden ergäben sich zwei Möglichkeiten: Zum einen könnte der frühere Chorraum *schmäler* gewesen sein als der heutige, bei gleicher Höhe. Zum anderen könnte der frühere Chorraum *niedriger* gewesen sein bei gleicher Breite. Dann treffen nämlich die Giebellinien weiter unten auf die Außenmauern des Chorraums. In der Tat scheint uns der zweiten Möglichkeit der Vorzug zu geben. An

der Nordseite der Kirche war am Ansatz der Chorraummauer am Kirchenschiff zu
sehen, daß Chorraum und Kirchenschiff in der Mauer miteinander verzahnt sind; siehe
Abb. C.13. Von daher müssen wir annehmen, daß die Breite des heutigen Chorraums
der des vorigen Chorraums entspricht. Im Chorraum selbst kann man, an der Innen-
seite der Mauer zum Kirchenschiff hin, ungefähr einen halben Meter unter der Decke
einen deutlichen Texturwechsel sehen (siehe Abb. C.14). Ist dies auf die nachträgliche
Erhöhung der Decke anläßlich des Chorneubaus zurückzuführen? - Die aufgesetzte
Mauer ist jedenfalls nicht von der gleichen Art und so durch den Putz hindurch zu
erkennen. Auf den Grundriß bezogen bedeutet dies, daß die Ansatzpunkte zum Kirchenschiff und die Rückseite des Altars als Fixpunkte gelten können, während wir
hier über die eigentliche Gestalt des Chorraums keine Aussage machen können.
Hierzu wären nur von einer eventuellen Grabung weitere Erkenntnisse zu erwarten.

C.7 Folgerungen

So seien hier mit der Abb C.6 zwei Möglichkeiten der Rekonstruktion eines vorigen
Chorraums der Kirche vorgestellt: Zum einen die Möglichkeit einer halbkreisförmigen
Apsis. Erstaunlicherweise paßt nämlich der Altar (nach Maßgabe der Chorraummauer-
ansätze am Kirchenschiff) genau in einen Halbkreis. Damit wäre der Vorgängerchor-
raum eine Apsis, wie wir sie aus dem 9. Jhrdt. von der Einhards-Basilika in
Michelstadt/Steinbach her kennen [Müll73]. Die Apsis der Steinbacher Basilika war
übrigens ebenfalls baufällig und eingestürzt. Dieser Grundriß könnte also für eine
Entstehungszeit der Rai-Breitenbacher Kirche im Frühmittelalter sprechen. Die zweite
Möglichkeit ist die einer symmetrischen, ungefähr rechteckigen Apsis. Für diese
Möglichkeit spricht, daß auch an den anderen Seitenwänden des Chorraums Tex-
turwechsel im Putz erkennbar sind (vergleichbar mit dem in Abb. C.14), die auf eine
Anstückung früherer Mauern hindeuten. Diese Möglichkeit des nach Nordosten gerichteten Chorraums ergibt sich auch aus der Beobachtung einer Schiefstellung des
Altars gegenüber dem Chorbogen, welche jedoch mit den Kirchenschiffwänden (diese
Richtung ist in Abb. C.5 gepunktet dargestellt) einen rechten Winkel bildet. Erkennt
man in dieser Nordost-Ausrichtung ein Prinzip des Vorgängerchorraums, ergibt sich
die Rekonstruktion einer komplett nach Nordosten gerichteten Kirche. Jede Rekonstruktion eines Vorgängerchorraums muß indes "schief" wirken, da das Kirchenschiff
kein Rechteck ist. Die Westwand bildet mit den Seitenwänden keine rechten Winkel.
Diese Geometrie scheint aber die ursprünglichste zu sein: Wie man in Abb. C.2 leicht
sieht, sind die kleinsten und ältesten monolithischen Fenster in den Seitenwänden in
vollkommen gleichen Abstand zur Westwand plaziert. Diese Symmetrie wäre bei einer
zwischenzeitlichen Veränderung der Westwand, bzw. der grundlegenden Geometrie
des Kirchenschiffs, verlorengegangen.

Mehr Fragen als Antworten haben wir zu dieser Ausrichtung des Kirchengebäudes nach Nordosten gefunden: Hat diese Ausrichtung etwas mit der dem Sonnenaufgang im Nordosten zur Sommersonnenwende zu tun, so wie dies bei der Kathedrale in Chartres der Fall ist? Die Kathedrale in Chartres hat diese Ausrichtung von ihren Vorgängerbauten, und diese wiederum haben sie von einer vorchristlichen Kultstätte übernommen. Der Gedankenbogen, aus den Gegebenheiten in Chartres auf einen vorchristlichen Einfluß bei der Rai-Breitenbacher Kirche zu schließen, erscheint an dieser Stelle doch als ein zu kühner Schluß. Trotzdem soll hier erwähnt werden, daß die Breite der Kirche mit 824 cm exakt 10 ME (megalithische Ellen) mißt und zudem die Altarplatte eine ME breit ist; die ME ist ein von Thom gefundenes keltisches Längenmaß [Thom62]. Diese Indizien könnten sich bei deren weiterer Verfolgung zu einer kleinen Sensation verdichten.

Es sei an dieser Stelle allen gedankt, die diesen Bericht ermöglicht haben, insbesondere J.L. Encarnação, Th. Geibel, Ch. Giger, E. Klement, und allen Teilnehmern (A. Hildebrand, J. Jung, A. Kämmerer, H. Lübbecke, St. Müller, L. Neumann, G. Pin, N. Schiffner, M. Schendel, R. Strack) des in Abschnitt C.3 erwähnten Seminars. Auch in Zukunft sollte die einzigartige Bausubstanz der Rai-Breitenbacher Kirche als großartiges Denkmal einer mittelalterlichen oder frühmittelalterlichen Kirche erhalten und vor modernen Veränderungen bewahrt bleiben.

Abbildungen zu Anhang C

Abb. C.1. Chorbogen, Choraufgang und Altar

Abb. C.2. Außenwände des Kirchenschiffs

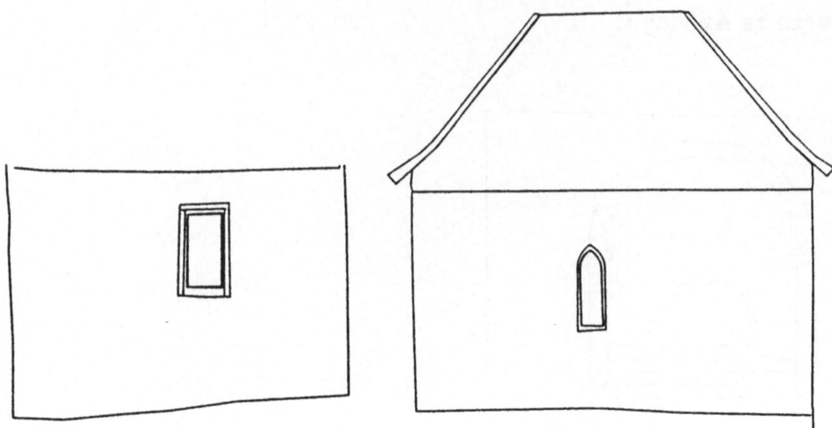

Abb. C.3. Außenwände des Chorraums, mit Ostwand

Abb. C.4. Innenwände des Chorraums und Altar

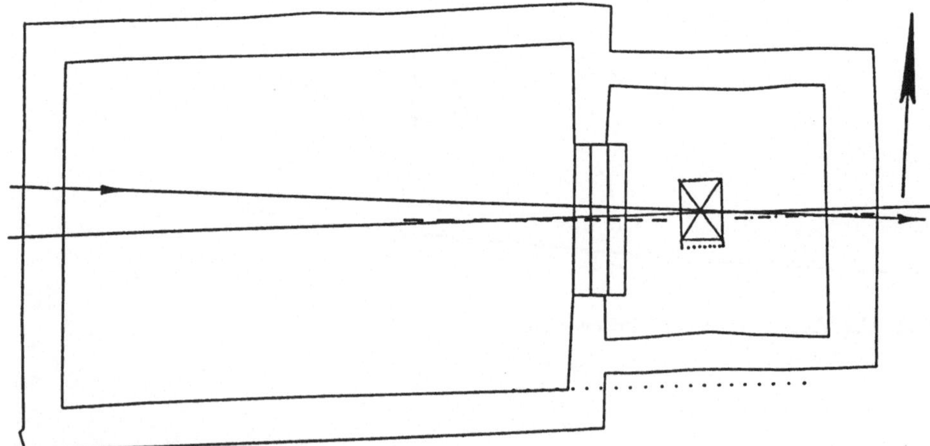

Abb. C.5. Grundriß der Kirche von Rai-Breitenbach

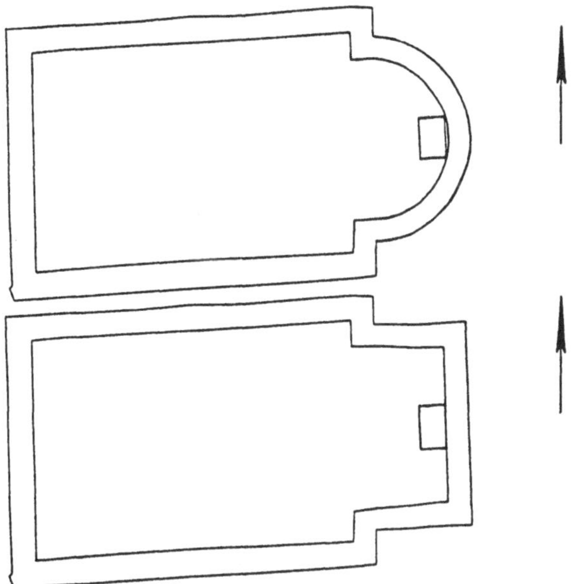

Abb. C.6. Zwei Alternativen zur Rekonstruktion eines vorigen Grundrisses

Abb. C.7. Blick aus dem Kirchenschiff in den Chorraum: Der Altar und das Ostfenster sind assymmetrisch plaziert

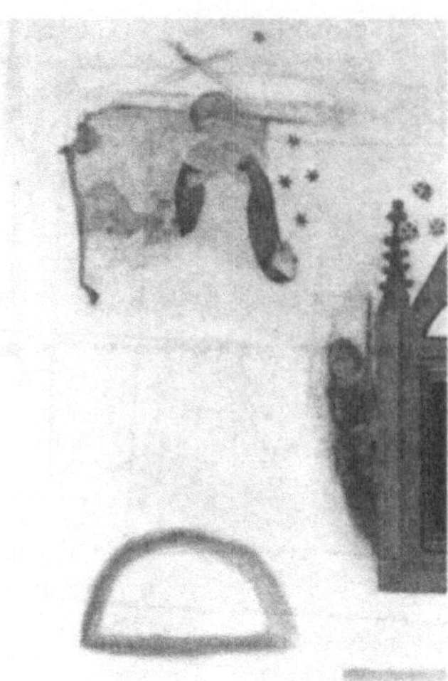

Abb. C.8. Mariendarstellung über einer Nische in der Wand. Vielleicht ist diese Nische in der Nordwand der Rest des "Neuen Altars unserer lieben Frau" (- *Nuwen altare vnßer liebe frauwe* -), der in der Urkunde von 1498 erwähnt ist?

Abb. C.9. Der Altar von Westen aus gesehen

Abb. C.10. Der Altar von Südosten aus gesehen

Abb. C.11. Ansicht des Ostgiebels des Kirchenschiffs vom Dachboden des heutigen Chorraums aus. Deutlich ist der Ansatz des vorigen Chorraumdaches an der Giebelwand erkennbar

Abb. C.12. und **Abb. C.13.** Links: Detail des Ansatzes des vorigen Chorraumdaches. Dieser trifft in Höhe des weißen Kabels auf das heutige Chorraumdach: Doch der naheliegende Schluß, der vorige Chorraum müsse darum schmaler gewesen sein, ist sicher falsch. Rechts: Freigelegte Mauer an der Nordseite der Kirche, Ansatz der Chorraummauer an das Kirchenschiff: Beide Mauern sind miteinander verzahnt, keinesfalls ist der Chorraum einfach nachträglich angemauert worden

Abb. C.14. Wechsel in der Struktur der Mauer vom Chorraum zum Kirchenschiff, über dem Chorbogen. Ist hier der Chorraum um ca. einen halben Meter erhöht worden?

Anhang

D Bilddokumentation und Visualisierungs-Beispiele zum Raibach-Projekt

Abb. D.1. Kirche von Raibach. Außenansicht aus südöstlicher Richtung. Man beachte die unregelmäßige Plazierung und unterschiedliche Größe der Fenster

Abb. D.2. Kirche von Raibach. Innenansicht des Kirchenschiffs aus westlicher Richtung mit deutlich sichtbarer Assymmetrie des Gebäudes zur Längsachse (Ost-West-Richtung)

Abb. D.3. Kirche von Raibach. Innenansicht des Chorraums aus nordwestlicher Richtung. Als eine visualisierungstechnische Herausforderung kann man die unregelmäßige Geometrie der Wände, die komplexen Lichtverhältnisse und die Wandgemälde ansehen

Abb. D.4. Vermessung der Geometrie des Kirchengebäudes von Raibach, Innenraum. Vermessungssystem mit elektronisch registrierendem Theodoliten der Fa. Wohlleben, Oberursel i.T.

Abb. D.5. Vermessung der Geometrie des Kirchengebäudes von Raibach, Außenraum und Fassaden. Vermessungssystem der Fa. Wohlleben, Oberursel i.T.

Abb. D.6. Plotterzeichnung einer parallelperspektiven Wandansicht, Nordwand außen. Planerstellungssystem der Fa. Wohlleben, Oberursel i.T.

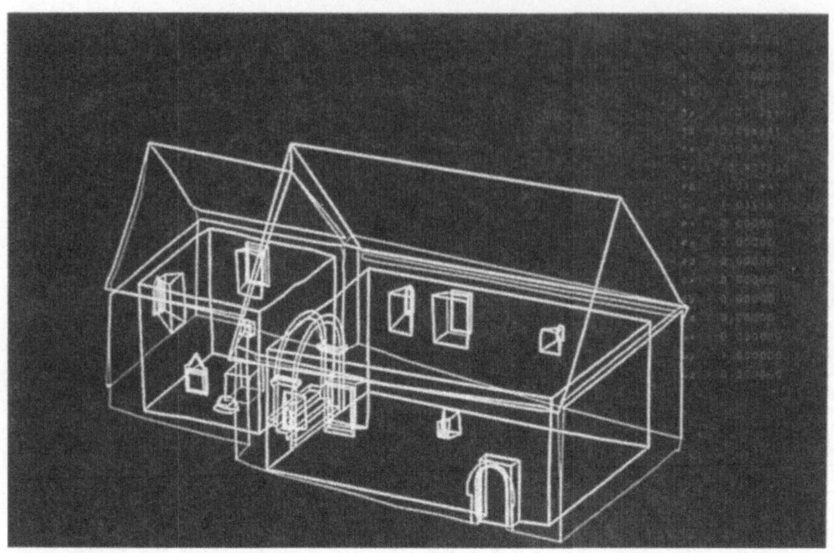

Abb. D.7. Wire-Frame-Visualisierung der Geometrie der Kirche von Raibach. Die vermessenen Kanten der nicht-planen Polygonzüge der Geometrie sind dargestellt. Interaktiv gesteuerte Perspektivenänderungen in Echtzeit erlauben eine genaue Unersuchung der Geometrie des Gebäudes. Photographie vom Bildschirm einer Evans & Sutherland PS390 Workstation

Abb. D.8. Kirche von Raibach. Ansicht des Chorraums aus nördlicher Richtung

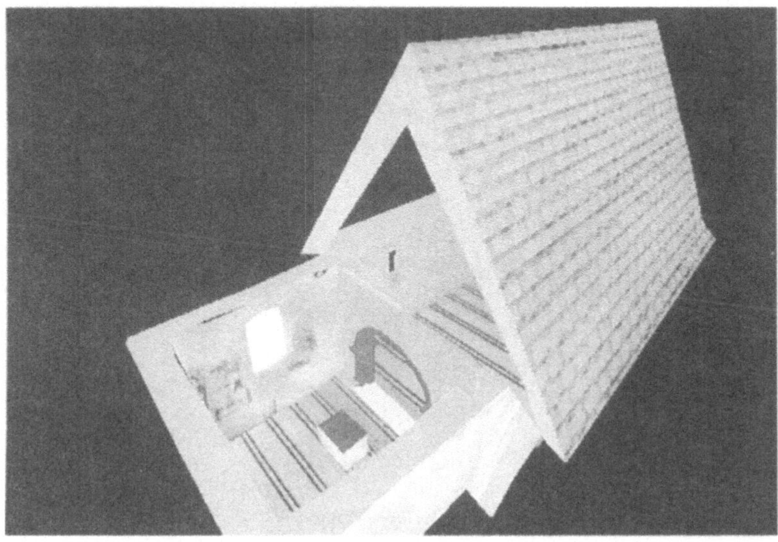

Abb. D.9. Versuch zur Beleuchtungsmodellierung mit einer Digitalisierung der Abb. D.8 als photographische Komponente. Alle Lichteffekte stammen aus der photographischen Quelle, lediglich eine Schattierung der Polygone nach Maßgabe diffuser Reflexion wurde zusätzlich vorgenommen. Zeilenweise perspektivische Rückprojektion (Verfahren II)

Abb. D.10. Weiterer Versuch zur Beleuchtungsmodellierung mit der photographischen Komponente aus Abb. D.8. Zeilenweise perspektivische Rückprojektion (Verfahren II)

Abb. D.11. Computergenerierte Ansicht vom Innenraum der Raibacher Kirche. Verwendung photographischer Komponenten neben einfacher Schattierung von Polygonen (Treppe, Chorbogen) mit konstanten Farbwerten. Kantentreue zeilenweise perspektivische Rückprojektion (Verfahren III)

Abb. D.12. Weitere computergenerierte Ansicht vom Innenraum der Raibacher Kirche. Verwendung photographischer Komponenten. Kantentreue zeilenweise perspektivische Rückprojektion (Verfahren III)

Abb. D.13. Ein aus einer photographischen Komponente unter Verwendung des Verfahrens aus Anhang B selektiertes Objekt (ein Baum) mit polygonal definierten Objektgrenzen

Abb. D.14. Computergenerierte Außenansicht der Raibacher Kirche. Verwendung photographischer Komponenten, insbesondere Verwendung der Komponente aus Abb. D.13 als Kulisse

Die folgenden Beispielbilder zur Visualisierung der Kirche von Raibach stammen aus einem Bewegtbild von 8 Sekunden Länge, bestehend aus 200 Einzelbildern (engl.: *frames*). Es wird zu jedem Bild jeweils die Nummer des Frames angegeben, sowie der im Bild zu ausgewählten Polygonen berechnete Bildfehler ε nach Maßgabe der nicht-exakten perspektivischen Projektion. Zur Generierung des Bewegtbildes wurde das Mapping-Verfahren der kantentreuen zeilenweisen perspektivischen Rückprojektion (Verfahren III) verwendet.

Abb. D.15. Frame #25. Ansicht aus nördlicher Richtung. Bildfehler: ε (Nordwand, außen) ≈ 0,20

Abb. D.16. Frame #51. Ansicht aus nördlicher Richtung. Bildfehler: ε (Nordwand, außen) ≈ 0,25

Abb. D.17. Frame #100. Ansicht von schräg oben

Abb. D.18. Frame #101. Ansicht von schräg oben, ohne das Dach des Gebäudes. Bildfehler: ε (Ostwand, Chorraum) $\approx 0{,}10$; ε (Südwand, Chorraum) $\approx 0{,}08$; ε (Wandabschluß) $\approx 0{,}38$

Abb. D.19. Frame #150. Ansicht von schräg oben, ohne das Dach des Gebäudes. Bildfehler: ε (Südwand, Chorraum) ≈ 0,10; ε (Wandabschluß) ≈ 0,41

Abb. D.20. Frame #175. Ansicht von schräg oben, ohne das Dach des Gebäudes. Bildfehler: ε (Südwand, Chorraum) ≈ 0,13

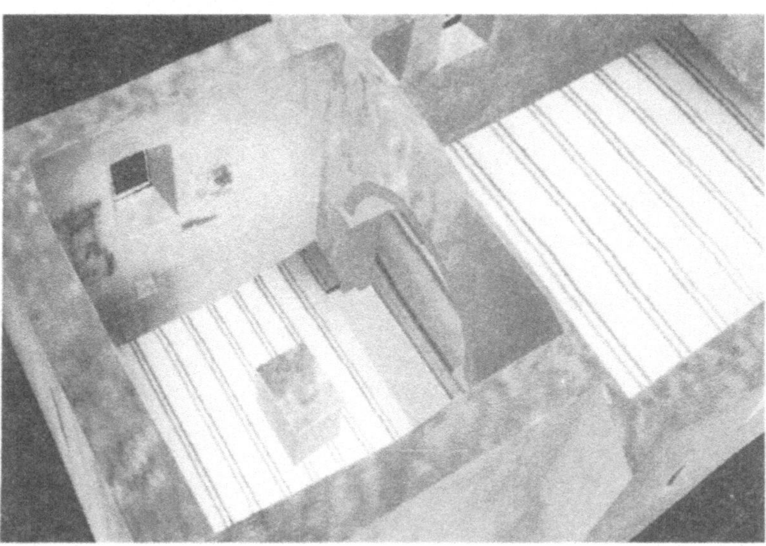

Abb. D.21. Frame #200. Ansicht von schräg oben, ohne das Dach des Gebäudes. Bildfehler: ε (Südwand, Chorraum) $\approx$ 0,15

Anhang

E Literaturverzeichnis

[Adam81]   MacAdam DL (1981) Color measurement, theme and variations. Springer Series in Optical Sciences, *21*, Springer

[Appe68]   Appel A (1968) Some techniques for shading machine renderings of solids. Journal of joint spring computer conference:37-45 (nach [FDFH90], S. 777])

[ARD91]   Etwa dreiminütige Computeranimation einer Rekonstruktion des Klosters von Cluny - "Cluny III"
in: Südwestfunk Baden-Baden, *Nomaden auf dem Kaiserthron - auf den Spuren der Salier*, gesendet von der ARD am 24. März 1991
auch in: Behringer A (1991) Cluny III. Frankfurter Allgemeine Magazin *574*:62-68

[BäBe89]   Bässmann H, Besslich PW (1989) Konturorientierte Verfahren in der digitalen Bildverarbeitung. Springer

[BiSl86]   Bier EA, Sloan KR (1986) Two-part texture mappings. IEEE computer graphics and application, 9

[Blak90]   Blake E (1990) The natural flow of perspective: reformulating perspective projection for computer animation. Leonardo, *23*, no 4:401-409

[Blbu89]   Blake E, Buxton H (1989) Making pictures move adaptively, or optic flow means farewell frames. Persönliche Korrespondenz, Amsterdam, London

[Blin78]   Blinn JF (1978) Simulation of wrinkled surfaces. ACM computer graphics, *12*, no 13:286-292

[BlNe76]   Blinn JF, Newell ME (1976) Texture and reflection in computer generated images. Comm of the ACM, *19*, no 10:542-547

[Broc71]   Brockhaus Enzyklopädie in zwanzig Bänden. (1971) 17. Aufl, F.A. Brockhaus, Wiesbaden

[Catm74]   Catmull EE (1974) A subdivision algorithm for computer display of curved surfaces. PhD dissertation, Dept. of CS, Univ. of Utah (nach [Heck86])

[CaSm80]   Catmull EE, Smith A (1980) 3-D transformations of images in scanline order. ACM computer graphics, *14*, no 3:279-285

[Cook86]   Cook RL (1986) Stochastic sampling in computer graphics. ACM
              transactions on graphics, *5*, no 1

[CoPC84]   Cook RL, Porter T, Carpenter L (1984) Distributed ray tracing. ACM
              computer graphics, *18*: 137-145

[Crow84]   Crow FC (1984) Summed-area tables for texture mapping. ACM com-
              puter graphics, *18*, no 3:207-212

[Dann86]   Dannewald M (1986) Realismus - Analyse eines Begriffs. Seminarar-
              beit, Johannes-Gutenberg-Universität Mainz, Fachbereich Kunster-
              ziehung, Mainz

[Davi84]   Davis ER (1984) Circularity - a new principle underlying the design of
              accurate edge orientation. IVC 2, no 3:134-142 (nach [BäBc89])

[Dias91]   Dias ML (1991) Ray tracing interference color. IEEE computer graph-
              ics and applications, *11*, no 2:54-60

[DIN5033]   DIN 5033 (1977) Farbmessung. Deutsches Institut für Normung, Ber-
              lin

[DIN6174]   DIN 6174 (1979) Farbmetrische Bestimmung von Farbabständen bei
              Körperfarben nach der CIE-Lab-Formel. Deutsches Institut für Nor-
              mung, Berlin

[Dü1525]   Dürer A (1525) Underweysung der messung mit dem zirckel un
              richtscheyd... Nürnberg (Nachdruck: Verlag Dr. Alfons Uhl,
              Nördlingen, 1983)

[Dü1538]   Dürer A (1538) Underweysung der Messung mit dem Zirckel un
              richtscheyd... Nürnberg

[EnGi89]   Encarnacao JL, Giger C (1989) State-of-the-art report on computer
              graphics and artificial intelligence. In: Forschungs- und Arbeitsbericht
              des Fachgebiets Graphisch-interaktive Systeme, 2, TH Darmstadt

[EnHo89]   Encarnacao JL, Hofmann GR (1989) Computergenerierte, naturgetreue
              Bilder. Fraunhofer-Gesellschaft Bericht, 1:33-40

[EnHS87]   Englert G, Hofmann GR, Sakas G (1987) Ein System zur Generierung,
              Manipulation und Archivierung von Texturen - Textur-Editor.
              GI/ÖCG-Fachgespräch "Visualisierungstechnik", GI-FG 4.1.4, Wien

[EnSt86]   Encarnacao JL, Straßer W (1986) Computer graphics, 3. Aufl. Olden-
              bourg, München, Wien

[EvSu90]   Evans & Sutherland (1990) Illustrierter Kalender für das Jahr 1990.
              Salt Lake City, Utah

[FDFH90]   Foley JD, van Dam A, Feiner SK, Hughes JF (1990) Computer graph-
            ics - principles and practice, 2nd Edition. Addison-Wesley, Reading
            Massachusetts

[GaPC87]   Gangnet M, Perny D, Coueignoux P (1987) Perspective mapping of
            planar textures. (EUROGRAPHICS '82 Award Paper) Computers and
            graphics, *11*:41-49

[GeEH89]   Geibel T, Ehmer H, Hofmann GR (1989) Die Kirche von Rai-
            Breitenbach. In: Geibel T (Hrsg) Kirchen im Breuberger Land, Privat-
            druck des "Höchster Klosterfonds", Talstr. 32, D-6128 Höchst i.O.

[GeEH89]   Ghazanfarpour D, Peroche B (1991) A high-quality filtering using for-
            ward texture mapping. Computer and Graphics, 15, no 4

[GI89]   Gesellschaft für Informatik, Fachgruppe 4.1.4 (1989) Vorankündigung
            und Aufruf zur Vortragsanmeldung: "Realismus in der Computeranima-
            tion". 19. Jahrestagung der Gesellschaft für Informatik, Einzelnes Falt-
            blatt, München

[Gilc]   Gilchrist AL (o J) Die Wahrnehmung schwarzer und weißer Flächen.
            In: Wahrnehmung und visuelles System (Spektrum der Wissenschaft),
            Heidelberg

[Glas86]   Glassner A (1986) Adaptive precision in texture mapping. ACM com-
            puter graphics, *20*, no 4:297-306

[Gomb84]   Gombrich EH (1984) Bild und Auge - Neue Studien zur Psychologie
            der bildlichen Darstellung. Klett-Cotta, Stuttgart

[Gomb86]   Gombrich EH (1986) Kunst und Illusion - Zur Psychologie der bildli-
            chen Darstellung, 2. Aufl. Belser, Stuttgart, Zürich

[Grec88]   Greenberg DP (1988) Coons award lecture. Comm of the ACM,
            31:125

[Grüg88]   Grüger W (1988) Von Vektoren und Volumina. c't, 2, Heinz Heise,
            Hannover

[GTGB84]   Goral CM, Torrance KE, Greenberg DP, Bataille B (1984) Modelling
            the interaction of light between diffuse surfaces. ACM computer
            graphics, *18*:213-222

[Hagg91]   Haggerty M (1991) Evolution by Esthetics. IEEE computer graphics
            and applications, *11*, no 2:5-9

[Hall85]   Hall R (1985) A characterization of illumination models and shading
            techniques. The visual computer, 2, no 5

[Hall89]   Hall R (1989) Illumination and color in computer generated imagery.
              Springer

[Hall90]   Hall R (1990) Algorithms for realistic image synthesis. In: Rogers DF,
              Earnshaw RA (Eds), Computer graphics techniques: Theory and Prac-
              tice. Springer: 196-198

[Heck86]   Heckbert PS (1986) Survey of texture mapping. Proc of graphics inter-
              face '86 and vision interface '86, Toronto

[Heck88]   Heckbert PS (1988) Ray tracing jell-o brand gelatin. Comm of the
              ACM, *31*, no 2

[Hild89]   Hildebrand A (1989) Verfahren zur Objektselektion in gespeicherten
              Bildern. Diplomarbeit, Technische Hochschule Darmstadt, FG GRIS,
              Darmstadt

[Hofm88]   Hofmann GR (1988) The calculus of the non-exact perspective projec-
              tion. In: Duce DA, Jancene P (Eds) EUROGRAPHICS '88. North-
              Holland, Amsterdam

[Hofm89]   Hofmann GR (1989) Non-planar polygons and photographic com-
              ponents for naturalism in computer graphics. In: Hansmann W, Hop-
              good FRA, Straßer W (Eds) EUROGRAPHICS '89. North-Holland,
              Amsterdam

[HoHi89]   Hofmann GR, Hildebrand A (1989) Verfahren zur graphisch-
              interaktiven Objektselektion in gespeicherten Bildern. DAGM-
              Jahrestagung 1989 in Hamburg, Springer Informatik-Fachberichte

[HoKl88]   Hofmann GR, Klement E (1988) Realitätsnahe Visualisierung mit pho-
              tographischen Komponenten. GI-FG 4.1.4-Fachgespräch "Realitätsnähe
              und Darstellungsgeschwindigkeit in der Computer-Animation", 27. und
              28. Juni 1988, Tübingen

[HoKl89]   Hofmann GR, Klement E (1989) Raibach Church. Etwa dreieinhalbmi-
              nütige Computeranimation zur Rekonstruktion und Visualisierung der
              Kirche von Rai-Breitenbach. Erstmals aufgeführt bei der EUROGRAPH-
              ICS '89, September 1989, Hamburg

[HoLa89]   Hoschek J, Lasser D (1989) Grundlagen der geometrischen Datenverar-
              beitung. Teubner, Stuttgart

[Hugh81]   Hughes R (1981) Der Schock der Moderne; Kunst im Jhdt. des
              Umbruchs. ECON-Verlag, Düsseldorf, Wien

[Imag90]   ISO/IEC JTC1 SC24 WG1 (1990) New work item proposal on imag-
              ing: image processing and interchange standard (IPI). Olinda und
              Darmstadt

[Jähn89]   Jähne B (1989) Digitale Bildverarbeitung. Springer

[Korn82]   Korn A (1982) Bildverarbeitung durch das visuelle System. Springer

[Löhr89]   Löhr M (1989) Die Generierung von Bewegtbildern unter Verwendung
            photographischer Komponenten. Diplomarbeit, Technische Hochschule
            Darmstadt, FG GRIS, Darmstadt

[MaKH87]   Mazzola G, Krömker D, Hofmann GR (1987) Rasterbild - Bildraster;
            Anwendung der Graphischen Datenverarbeitung zur geometrischen
            Analyse eines Meisterwerks der Renaissance: Raffaels "Schule von
            Athen". Springer

[MaLi88]   Ma SD, Lin H (1988) Optimal texture mapping. In: Duce DA, Jancene
            P (Eds) EUROGRAPHICS '88. North-Holland, Amsterdam

[Marr79]   Marr D (1979) Theory of edge detection. Proc Royal Soc, London

[MRCG86]   Meyer GW, Rushmeier HE, Cohen MF, Greenberg DP (1986) An
            experimental evaluation of computer graphics imagery. ACM transac-
            tions on graphics, 5:30-50

[Müll73]   Müller O (1973) Einhardsbasilika Michelstadt-Steinbach. Der
            Odenwald, 20. Jhrg, Heft 2

[Müll88]   Müller H (1988) Realistische Computergraphik: Algorithmen, Daten-
            strukturen und Maschinen. Habilitationsschrift. Springer

[Müll89]   Müller S (1989) Entwurf eines Texturmappings von photographischen
            Komponenten auf nicht-plane Polygone. Studienarbeit, Technische
            Hochschule Darmstadt, FG GRIS, Darmstadt

[Naka91]   Nakamae E et al (1991) Reliability of computer graphic images for
            visual assessment. Visual Computer, 7:138-148

[Peac85]   Peachey D (1985) Solid texturing of complex surfaces. ACM com-
            puter graphics, 19, no 3:279-286

[PeHo89]   Perlin K, Hoffert E (1989) Hypertexture. ACM computer graphics, 23,
            no 4:253-262

[Reev83]   Reeves WT (1983) Particle systems - a technique for modelling a class
            of fuzzy objects. ACM computer graphics, 17:359-376

[ReMa88]   PIXAR (1988) The renderman interface. San Rafael

[RoWa84]   Roth H, Wamers E (1984) Hessen im Frühmittelalter. Sigmaringen

[Sama88]   Samara V (1988) Die Toleranz perspektivischer Abbildungen
            gegenüber Beobachteränderungen. Diplomarbeit, Technische Hoch-
            schule Darmstadt, FG GRIS, Darmstadt

[SaSW86]   Samek M, Slean C, Weghorst H (1986) Texture mapping and distortion
            in digital graphics. The visual computer, 2:313-320

[Seel88]   von Seelen W (1988) Biologische Rechner. c't, 11, Heinz Heise,
            Hannover

[Siem89]   Siems M (1989) Entwicklung eines Skriptkonzepts unter Berücksichti-
            gung der nicht-exakten perspektivischen Projektion. Diplomarbeit,
            Technische Hochschule Darmstadt, FG GRIS, Darmstadt

[Smit84]   Smith AR (1984) Plants, fractals and formal languages. ACM com-
            puter graphics, 18:1-10

[Smit87]   Smith A (1987) Planner 2-pass texture mapping and warping. ACM
            computer graphics, 21, no 3:263-272

[Stuc79]   Stucki P (1979) Image processing for document reproduction. In:
            International symposium on advances in digital image processing, Bad
            Neuenahr, 1978. Plenum Press, New York

[Thom62]   Thom A (1962) The Megalithic Unit of Length. Journ. Royal Stat.
            Soc. 125, Part 2

[Wahl79]   Wahl F, Kugler J (1979) Kantendetektion mit lokalen Operatoren. In:
            Angewandte Szenenanalyse, Informatik-FB 20, Springer

[Wall83]   Wall AM (1983) Grey-scale image processing for industrial applica-
            tions. IVC 1, no 4:178-188 (nach [BäBe])

[WaCG87]   Wallace JR, Cohen MF, Greenberg DP (1987) A two-pass solution to
            the rendering equation: a synthesis of ray tracing and radiosity tech-
            niques. ACM computer graphics, 21:311-328

[Wh1871]   Whymper E (1871) Berg- und Gletscherfahrten. Pforzheim, 1982
            (Orig: Scrambles amongst the alps, London, 1871)

[Whit80]   Whitted T (1980) An improved illumination model for shaded display.
            Comm of the ACM, 23:343-349

[Will83]   Williams L (1983) Pyramidal parametrics. ACM computer graphics,
            17, no 3